古代歷史文化 研究輯刊

三二編

王明蓀 主編

第18冊

新石器時代至漢代玉璧研究（上）

楊岐黃 著

國家圖書館出版品預行編目資料

新石器時代至漢代玉璧研究（上）／楊岐黃 著－－初版－－新
北市：花木蘭文化事業有限公司，2024〔民113〕
目 10+160 面；19×26 公分
（古代歷史文化研究輯刊 三二編；第18冊）
ISBN 978-626-344-881-0（精裝）
1.CST：玉器 2.CST：中國
618   113009487

ISBN-978-626-344-881-0

9 786263 448810

古代歷史文化研究輯刊
三二編　第十八冊　　　　　　　ISBN：978-626-344-881-0

新石器時代至漢代玉璧研究（上）

作　　者　楊岐黃
主　　編　王明蓀
總 編 輯　杜潔祥
副總編輯　楊嘉樂
編輯主任　許郁翎
編　　輯　潘玟靜、蔡正宣　美術編輯　陳逸婷
出　　版　花木蘭文化事業有限公司
發 行 人　高小娟
聯絡地址　235 新北市中和區中安街七二號十三樓
　　　　　電話：02-2923-1455／傳真：02-2923-1452
網　　址　http://www.huamulan.tw 信箱 service@huamulans.com
印　　刷　普羅文化出版廣告事業
初　　版　2024 年 9 月
定　　價　三二編 28 冊（精裝）新台幣 84,000 元　　　版權所有・請勿翻印

新石器時代至漢代玉璧研究(上)

楊岐黃　著

作者簡介

楊岐黃，山西平遙人。先後就讀於西北大學文化遺產學院、北京大學考古文博學院，博士。現供職於陝西省考古研究院，副研究員。參加與主持國家社科基金、國家自然科學基金、陝西省教育廳專項科研計劃項目等研究工作。先後參加與主持洛南河口綠松石採礦遺址、旬陽雞血石礦、寶雞郭家崖墓地等多項考古調查與發掘工作。發表文章《4300年前後玉器在北方各文化間的互動》等20餘篇，出版專著《玲瓏剔透——陝西古代玉器》《文物陝西——玉石器、寶石卷》《華陰興樂坊遺址考古發掘報告》等3部。

提　要

　　玉璧貫穿了我國古代玉器發展的全過程，是古代玉器發展演變及玉文化濫觴繁盛的實踐者與見證者。玉璧承載了近萬年來人們對自然、社會、人倫的觀察，體現了古人的宇宙觀、生死觀、倫理觀、等級觀、價值觀等意識觀念，在玉文化的發展演變及考察研究中有著獨特的地位和價值，可以說玉璧的演變史就是古代玉文化發展的縮影。

　　本書以玉璧起源至鼎盛發展階段——新石器時代至漢代，全國範圍內考古遺址和墓葬中出土的玉璧實物為研究對象，兼以部分有明確出土地點的徵集、採集標本，在全面梳理和統計基礎上，從形制、製作工藝、使用、功能等幾個方面入手，結合歷史文獻和已有的研究成果，對其進行綜合的考察及分析研究。釐清了新石器時代至漢代玉璧在形制、製作工藝、功能、發展階段等方面的發展演變脈絡，在此基礎上對玉璧的起源、定名、所蘊含的觀念意識等相關問題的探討提供多維的思考方向，並將這一時期的玉璧發展劃分為三個階段：起源及定型階段——新石器時代至夏紀年時期，規範玉璧的形制；延伸發展階段——商周時期，規範玉璧的功能；鼎盛發展階段——漢代，玉璧的形制及功能完備。這三個階段的發展伴隨著我國政治體制的形成與演變，文明的起源與發展、王國的興衰乃至帝國的建立，正與中國文明的起源、王國、帝國階段相吻合。

目 次

表目次

第一章 緒 論

第一節 研究背景與意義

　　中國玉器與玉文化源遠流長，在 9000 餘年的發展史中，堅硬光潔溫潤的玉石被賦予了「仁、義、智、勇、潔」的品格，成為一種高層次高等級的文化載體，對我國古代的政治、文化、信仰、禮儀乃至審美情趣產生了深遠的影響。時至今日，玉器仍為人們所喜愛，寄託了平安、富貴的美好含義。因此學界對玉璧的關注正如綿延不絕的玉器玉文化一般，從未消滅。從宋代金石學興起以來，玉器就是學者研究的主要類別。而玉器中蘊含和昇華的中華數千年的用玉文化，是中國傳統文化中非常重要的一部分，更是中國近萬年文明演化發展史的縮影，是從未間斷的歷史見證。

　　中國文物考古事業自上世紀 50 年代以來進入了一個發展的黃金階段，重大考古發現不斷公布，考古資料的不斷豐富和積累，為古代玉器的研究工作提供了進一步深入研究的素材。

　　璧是中國古代玉器的重要種類，產生於新石器時代，其萌生、發展貫穿於玉器的發展歷程中。璧的分布範圍在東北至西北，燕遼至海岱、中原，長江中下游至西南、嶺南地區，從新石器時代時代至清代的各個時期皆有發現。其使用時間之長、流行地域之廣、等級地位之高、典型器物之多是其他玉器所不能比擬的。

　　璧具有祭祀、禮儀、饋贈、符信等廣泛的功能意義，而且隨著時代的發展，璧的使用功能有著相同和不同的角色轉換。璧不局限於玉石的質地，還有陶、

鉛等質地，而且其形象在壁畫、畫像磚石、碑刻、建築、帛畫中也多有表現，使得璧涵蓋了更為豐富、更為深刻的文化意義。也正是璧在中國傳統文化、中國玉器玉文化中的重要地位，使得其有進一步深入研究的必要性。

新石器時代至漢代是我國古代玉器發展的重要階段，自漢以後玉器的禮儀性逐步退化，玉器趨於的實用性、裝飾性，玉器的製作、銷售商品化，玉器所賦予的意義也發生了大的轉變，璧亦然。因此本書將玉璧的討論時間限定在新石器時代至漢代。本書的研究成果對於全面認識璧在各個時期的使用情況以及先民的思想觀念、製作工藝、審美情趣、喪葬禮俗及文化交流乃至族群遷徙等方面的情況有重要的科學價值。

第二節　研究現狀述評

玉璧作為玉器的重要器類，一直為學術界所關注，與玉璧相關的學術、及各類專著數以千計。玉璧作為一直未有間斷的玉器種類，在各個階段的玉器論述中不可或缺，更由於其重要性，各個階段的玉璧也為學界所重視，研究內容涵蓋起源、定名、造型、紋樣、製作工藝、功能、用途、用玉習俗等各個方面。但是專門關於玉璧研究的文章數量並不多，多數文章只是有涉及到玉璧研究的內容。由於文章數量較多，以下將以典型研究文章、著作及為例進行分類述評：

一、綜合研究

周南泉在《論中國古代的玉璧——古玉研究之二》〔註1〕中結合古代文獻與考古資料對玉璧的定名、起源及產生發展演變、用途等相關問題進行探討，將玉璧的發展史劃分為創始期、相對衰落期、鼎盛期和仿古期等4個階段，對每個階段玉璧的特點進行了總結，並對玉器的用途進行了梳理。對於瞭解與總覽玉璧的發展史具有重要意義。

鄧淑蘋的《圭璧考》〔註2〕一文，對於璧的定義進行考證，並將璧環瑗類器物統稱為璧屬玉器。文章主要以先秦時期的璧作為考察對象，先通過對傳世文獻的梳理，從其中歸納引申出璧在當時所蘊含的觀念與意義，而後對已知的

〔註1〕周南泉，論中國古代的玉璧——古玉研究之二〔J〕，故宮博物院院刊，1999（2）：76～88。
〔註2〕鄧淑蘋，圭璧考〔J〕，故宮學術季刊，1977（3）：49～91。

重要考古資料進行梳理，進而對璧屬玉器的形製及其意義的演變進行探討。後續又發表了一系列關於玉璧的文章〔註3〕補充闡述學術觀點。

葉康寧、葉寅生《說「璧」》〔註4〕中對璧的定義「圓形中間有孔的玉器」，結合已有觀點認識提出疑義，認為璧有可能是漢代儒生編寫《周禮》等時錯誤使用的一種名稱。作者結合早期玉器的考古發現，認為在先秦文獻中「璧」是非常貴重的東西，這一點與考古出土實物多數較粗糙、素面無文的特點相矛盾。作者從古文字中找線索，最早關於璧的文字出現於花東甲骨文中，但是作者認為花東甲骨中的「璧」字應為「璞」的簡寫，璧應該指玉璞，不同於常見的玉或美石，特指貴重、稀少的美玉。最後作者結合古文獻認為璧應該還有寶玉的含義，是對璧定名及定義的探討。

宿晨〔註5〕、崔雲〔註6〕、邱向軍〔註7〕都曾對歷代玉璧的特徵有所總結。另外一些玉器的著作、專論文章中也有涉及到玉璧的內容，其中有代表性的有殷志強《說玉道器——玉器研究新視野》〔註8〕中將玉璧仍分為4個階段，詳細介紹了各階段出土和傳世玉璧中各型式的典型標本，並且對玉璧的分期及類型、玉璧的使用功能和玉璧的歷史地位進行論述。

二、分類研究

安志敏《牙璧淺析》〔註9〕、欒豐實《牙璧研究》〔註10〕、黃翠梅《牙璧的起源與發展：從殷墟出土的牙璧談起》〔註11〕等文章是對考古發現與徵集、採集的牙璧的梳理與研究，對牙璧的稱名進行討論，形製進行型式分析，並對其起源進行了推測。

〔註3〕鄧淑蘋，從漢代玉璧論璧在中國文化史上的意義〔J〕，故宮學術季刊，2013（3）：1～43，鄧淑蘋，璧的故事（上）〔J〕，大觀，2014（7）：24～37，鄧淑蘋，從黃道、太一到四靈〔J〕，故宮文物月刊，2015（9）：42～61。
〔註4〕葉康寧，葉寅生，說「璧」〔J〕，文物世界，2010（6）：48～50。
〔註5〕宿晨，中國歷代玉璧形製舉例〔J〕，收藏家，2007（9）：27～32。
〔註6〕崔雲，歷代玉璧時代特徵舉例〔J〕，收藏家，2014（11）：43～46。
〔註7〕邱向軍，簡析中國古代玉璧的發展與演變〔J〕，絲綢之路，2013（4）：60～62。
〔註8〕殷志強，說玉道器——玉器研究新視野〔M〕，江蘇：南京大學出版社，2011。
〔註9〕安志敏，牙璧試析〔A〕，鄧聰，東亞玉器（Ⅰ）〔C〕，香港：中國藝術研究中心，1998：37～44。
〔註10〕欒豐實，牙璧研究〔J〕，文物，2005（7）：69～81。
〔註11〕黃翠梅，牙璧的起源與發展：從殷墟出土的牙璧談起〔A〕，中國社會科學院考古研究所等，夏商玉器及玉文化學術討論會論文集〔C〕，廣州：嶺南美術出版社，2018。

吉開將人《論「Ｔ」字玉環》《中國與東南亞的「Ｔ」字形環》〔註12〕、黃翠梅《殷墟出土的有領玉環及其相關問題》〔註13〕、朱乃誠《殷墟婦好墓出土有領玉璧與有領玉環研究》〔註14〕、張強祿《從華南所見有領璧環看夏商禮制東漸》〔註15〕等文章是對有領璧的發展脈絡的梳理與研究。

楊美莉《黃河上、中游的玉圍圈》〔註16〕、高江濤《陶寺遺址出土多璜聯璧初探》〔註17〕、吳曉桐《多璜聯璧的起源、演變與傳播》〔註18〕等文章是對專一對璜聯璧璧類的分析與研究。

三、分段研究

關於各個時期玉璧的研究性文章數量不多，其中比較大的一部分為學位論文，且較多地集中在新石器時代與漢代，其餘時間段的文章數量較少。各時期的研究文章一般是針對一個時期或者出土典型玉器的遺址進行的。研究的內容涵蓋了玉璧的形製演變、紋飾、製作工藝、功能用途及其蘊含的意義。

1. 新石器時代至夏紀年時期

鄭建明、馬翠蘭的《新石器時代小型玉璧的研究》〔註19〕主要對直徑小於 10 釐米的小型玉璧進行了分析研究，分析了三大區域的小型玉璧特點及其之間的相互影響。鄧淑蘋的《新石器時代的玉璧——由考古實例談古玉鑒定》〔註20〕等對新石器時代玉璧的形態功能、發展演變、鑒定要領等方面做

〔註12〕吉開將人，論「Ｔ」字玉環〔A〕，香港中文大學中國考古藝術研究中心，南中國及鄰近地區古文化研究——慶祝鄭德坤教授從事學術活動六十週年論文集〔C〕，香港：中文大學出版社，1993：255～268，吉開將人，中國與東南亞的「Ｔ」字形環〔J〕，四川文物，1999（2）：81～96。

〔註13〕黃翠梅，殷墟出土的有領玉環及其相關問題〔A〕，李永迪，紀念殷墟發掘八十週年學術研討會論文集〔C〕，臺北：「中央」研究院歷史語言研究所，2015：211～225。

〔註14〕張強祿，從華南所見有領璧環看夏商禮制東漸〔A〕，北京大學中國考古學研究中心，古代文明（第13卷）〔C〕，北京：科學出版社，2019：57～91。

〔註15〕朱乃誠，殷墟婦好墓出土有領玉璧與有領玉環研究〔J〕，江漢考古，2017（3）：109～118。

〔註16〕楊美莉，黃河上、中游的玉圍圈〔J〕，故宮學術季刊，2001（2）：69～104。

〔註17〕高江濤，陶寺遺址出土多璜聯璧初探〔J〕，南方文物，2016（4）：8～97。

〔註18〕吳曉桐，多璜聯璧的起源、演變與傳播〔J〕，江漢考古，2019（6）：87～97。

〔註19〕鄭建明，馬翠蘭，史前小型玉璧研究〔J〕，北方文物，2008（3）：10～17。

〔註20〕鄧淑蘋，新石器時代的玉璧——由考古實例談古玉鑒定〔J〕，故宮文物月刊，1985（9）：80～89。

了研究。郝宇迪《新石器時代玉璧的形製特徵及功能研究》〔註21〕對新石器時代各考古學文化紅山文化、齊家文化、大汶口文化、龍山文化、凌家灘文化、良渚文化出土玉璧及各文化間的交流進行闡述，文中將新石器時代玉璧分為素面玉璧、刻符玉璧、牙璧、領璧、連璧等幾類，並對玉璧的功能、對現代首飾設計的影響等方面進行探討，是將我國傳統文化與現代珠寶玉石設計結合起來進行研究的論著。

　　新石器時代至夏紀年時期多以某一文化或某一遺址出土玉璧為研究對象，其中良渚文化、齊家文化、紅山文化、大汶口文化、龍山文化等考古學文化中出土玉璧都是關注度比較高的。如張明華的《良渚玉璧研究》〔註22〕對良緒文化出土玉璧進行了多方面的研究，研究內容包括了良渚玉璧的傳世與出土情況、基本形製、起源、紋紋飾圖案與辨偽、用途等多個方面。劉偉《良渚文化玉璧的考古發現及其研究歷程》〔註23〕對良渚文化出土玉璧進行統計與研究，研究範圍涵蓋良渚文化玉璧的發現情況、研究歷程及玉璧的起源、形製、玉質、工藝、紋飾、功能用途、玉料來源等諸多方面，是對良渚文化玉璧的系統梳理。文章還整理出良渚文化玉璧研究中的主要爭鳴與分歧，為之後學者的研究留下了線索。楊美莉《中國古代環形玉器的發展》〔註24〕《陶寺、石峁類型文化的環形器》〔註25〕《齊家文化風格的環形器》〔註26〕《試論新石器時代北方系統的環形玉器》〔註27〕《聯環形玉器與西北地區的玉器分割》〔註28〕，鄧淑蘋《故宮博物院所藏新石器時代玉器研究之一——璧與牙璧》〔註29〕，高

〔註21〕郝宇迪，史前玉璧的形製特徵及功能研究〔D〕，北京：中國地質大學，2016。

〔註22〕張明華，良渚玉璧研究〔J〕，故宮博物院院刊，1995（2）：71～81。

〔註23〕劉偉，良渚文化玉璧的考古發現及其研究歷程〔D〕，長春：吉林大學，2011。

〔註24〕楊美莉，中國環形玉器的發展（上）〔A〕，中華五千年文物集刊——玉器篇二〔C〕，臺北：臺北「國立」故宮博物院，1993。

〔註25〕楊美莉，黑雲壓城城欲摧，甲光向日金鱗開——古代西北地區環形玉石器系列之二——陶寺、石峁類型文化的環形器〔J〕，故宮文物月刊，1994（12）。

〔註26〕楊美莉，大漠孤煙直，黃河落日圓——古代西北地區的環形玉、石器系列之一——齊家文化風格的環形器〔J〕，故宮文物月刊，1994（11）。

〔註27〕楊美莉，試論新石器時代北方系統的環形玉器〔A〕，中國北方古代文化國際學術研討會論文集〔C〕，北京：中國文史出版社，1994：265～281。

〔註28〕楊美莉，聯環形玉器與西北地區的玉器分割〔A〕，中國考古學會等編，汾河灣——丁村文化與晉文化考古學術研討會文集〔C〕，太原：山西高校聯合出版社，1996：176～198。

〔註29〕鄧淑蘋，故宮博物院所藏新石器時代玉器研究之一——璧與牙璧〔J〕，故宮學術季刊，1987（1）。

江濤《陶寺遺址出土多璜聯璧初探》〔註30〕等文是對西北地區諸文化出土玉璧，尤其是璜聯璧的發展、演變及傳播的梳理與研究。王強等《海岱地區與東北亞新石器時代玉器文化交流——以野店遺址所出璧環類玉器為例》一文，以山東鄒縣野店遺址出土的璧環類玉器為研究對象，通過對其玉料與製作特徵的觀察，認為該遺址出土的玉璧環類器物並不具有海岱玉器的典型特徵。在對其周邊文化，尤其是其以北的東北亞地區（東北地區、内蒙古東北、遼寧東部地區及俄羅斯西伯利亞以東地區）出土玉璧的比較後，作者認為野店出土玉璧環與東北亞地區存在密切聯繫〔註31〕。

　　玉璧研究論著中，涉及到玉璧研究的文章更是不乏其數，其中主要是關於新石器時代至夏紀年時期一個典型遺址或者一種考古學文化中的玉器進行研究，其中多涉及玉璧研究。其中如孫長慶〔註32〕、孫守道〔註33〕等對東北地區出土玉器進行了梳理與綜述，主要對於玉器的基本發現、年代、東北地區玉器發展階段進行了研究。劉國祥的《東北文物考古論集》收錄他對黑龍江、吉林地區、紅山文化、大甸子墓地、西遼河流域等新石器時代玉器的器類器形、文化屬性、用玉製度、互動交流等相關問題的討論研究文章，是對東北北部地區新石器時代玉器的專論，其中都有涉及到玉璧的内容〔註34〕，還有周宇傑《夏家店下層文化玉器的初步研究》等〔註35〕。黃河下游有邵望平《海岱系古玉略說》〔註36〕、雍穎《試探山東地區出土的新石器時代玉器分期與特徵》〔註37〕，

〔註30〕 高江濤，陶寺遺址出土多璜聯璧初探〔J〕，南方文物，2016（4）：8～97。

〔註31〕 王強，鄧聰，欒豐實，海岱地區與東北亞史前玉器文化交流——以野店遺址所出璧環類玉器為例〔J〕，考古，2018（7）：107～120。

〔註32〕 孫長慶，殷德明，干志耿，黑龍江新石器時代器概論〔A〕，考古學文化論集（四）〔C〕，北京：文物出版社，1997：104～134。

〔註33〕 孫守道，中國史前東北玉文化試論〔A〕，東亞玉器（第1卷）〔C〕，香港：香港中文大學，1998：102～119。

〔註34〕 劉國祥，西遼河流域史前用玉製度研究〔A〕，東北文物考古論集〔C〕，北京：科學出版社，2004。

〔註35〕 周宇傑，夏家店下層文化玉器的初步研究〔J〕，遼寧師範大學學報（社會科學版），2017（1）：52～55。

〔註36〕 邵望平，海岱系古玉略說〔A〕，中國社會科學院考古研究所，中國考古學論叢——中國社會科學院考古研究所建所40週年紀念〔C〕，北京：科學出版社，1993：131～141。

〔註37〕 雍穎，試探山東地區出土的新石器時代玉器分期與特徵〔J〕，遼海文物學刊，1996（1）：100～111。

黃河中上游地區楊亞長〔註38〕、岡村秀典〔註39〕、謝端琚〔註40〕、羅豐〔註41〕、葉茂林〔註42〕、黃宣佩〔註43〕、朱乃誠〔註44〕等都對這一地區玉器進行過綜合梳理與研究。

另外高校的碩士、博士研究生論文多以一個區域或一個遺址的玉器作為研究對象。涉及新石器時代至夏紀年時期玉器的中比較重要的有如《東北地區新石器時代玉器研究》〔註45〕《紅山文化玉器研究》〔註46〕《燕遼、中原、海岱地區新石器時代玉器研究》〔註47〕，黃河下游地區主要有《海岱地區新石器時代玉器研究》〔註48〕《大汶口文化玉器研究》〔註49〕《海岱地區新石器時代玉器初探》〔註50〕《環渤海地區新石器時代玉器研究》〔註51〕，黃河中游地區有《遼海、海岱地區新石器時代文化比較研究》〔註52〕《中原

〔註38〕 楊亞長，陝西史前玉器的發現與初步研究〔A〕，鄧聰，東亞玉器（Ⅰ）〔C〕，香港：香港中文大學，1998：208～215，楊亞長，陝西夏代玉器的發現與初步研究〔A〕，錢憲和，海峽兩岸古玉學會議論文集〔C〕，臺北：臺灣大學理學院地質科學系，2001：679～688。

〔註39〕 岡村秀典，陝晉地區龍山文化的玉器〔J〕，故宮學術季刊，2001（2）：105～114。

〔註40〕 謝端琚，黃河上游史前文化玉器研究〔J〕，故宮學術季刊，2001（2）：1～34。

〔註41〕 羅豐，黃河中游新石器時代的玉器——以館藏寧夏地區玉器為中心〔J〕，故宮學術季刊，2001（2）：35～68。

〔註42〕 葉茂林，黃河上游新石器時代玉器初步研究〔A〕，鄧聰，東亞玉器（Ⅰ）〔C〕，香港：香港中文大學，1998：180～183。

〔註43〕 黃宣佩，齊家文化玉禮器〔A〕，鄧聰，東亞玉器（Ⅰ）〔C〕，香港：香港中文大學，1998：186～189。

〔註44〕 朱乃誠，素雅精緻隴西生輝〔A〕，2015中國·廣河齊家文化與華夏文明國際研討會論文匯編〔C〕，2014：215～272，（會議材料）

〔註45〕 周曉晶，東北地區新石器時代玉器初探〔A〕，遼寧省博物館學術論文集（第3輯）〔C〕，瀋陽：遼海出版社，2009：98～127，該文是周曉晶在北京大學考古文博學院的碩士，後全文發表於《遼寧省博物館學術論文集》中，本文以論文集收錄為準。

〔註46〕 周曉晶，紅山文化玉器研究〔D〕，長春：吉林大學，2014。

〔註47〕 員雪梅，燕遼、海岱、中原地區新石器時代玉器研究〔D〕，北京：北京大學，2005。

〔註48〕 雍穎，海岱地區新石器時代玉器研究〔D〕，北京：北京大學，1997。

〔註49〕 孫研，大汶口文化玉器研究〔D〕，長春：吉林大學，2007。

〔註50〕 楊凡，海岱地區史前玉器初探〔D〕，濟南：山東大學，2016。

〔註51〕 任妮娜，環渤海地區新石器時代玉器研究〔D〕，瀋陽：遼寧師範大學，2013。

〔註52〕 袁永明，遼海、海岱地區新石器時代文化比較研究——以玉器為中心〔D〕，北京：北京大學，2003。

地區新石器時代玉器初探》〔註 53〕《晉西南地區出土新石器時代玉石器研究》〔註 54〕，黃河上游地區有《甘青寧地區新石器時代玉器初步研究——以齊家文化為中心》〔註 55〕《西北地區新石器時代玉器研究》〔註 56〕《甘青地區新石器時代玉器研究》〔註 57〕《齊家文化玉器的考古學研究》〔註 58〕《齊家文化玉石器研究》〔註 59〕《龍山時代玉器與用玉傳統的嬗變——以黃河流域為中心》〔註 60〕，長江中游地區有《凌家灘遺址出土玉器研究》〔註 61〕《凌家灘玉器的考古學研究》〔註 62〕《長江下游新石器時代玉器的發現與研究》〔註 63〕《二里頭文化玉器的考古學研究》〔註 64〕《夏代玉器的初步研究》〔註 65〕等是對各個地區或者典型遺址出土玉器的綜合研究，其中都包括了關於玉璧的內容，有玉璧的器形分析、製作、使用及玉料情況。

2. 商周時期

商周時期對於玉璧的專論數量比較少，其中有楊建芳的《先秦兩漢的飾紋玉石璧》〔註 66〕《龍鳳紋玉璧之演變》〔註 67〕是對先秦兩漢時期的飾紋玉璧、龍鳳紋璧的梳理研究。趙瑾的《東周時期出土玉璧用途的初步研究》對東周玉璧從文獻與考古資料兩方面進行梳理，針對玉璧用途主要從區域、時代、等級三方面進行分析研究，並對各地區用璧制度的成因進行探討〔註 68〕。丁哲、李

〔註 53〕劉明利，中原地區史前玉器初探〔D〕，北京：北京大學，2005。

〔註 54〕楊岐黃，晉西南地區史前玉石器研究〔D〕，北京：北京大學，2008。

〔註 55〕閆亞林，甘青寧地區史前玉器初步研究——以齊家文化為中心〔D〕，北京：北京大學，1999。

〔註 56〕閆亞林，西北地區史前玉器研究〔D〕，北京：北京大學，2010。

〔註 57〕楊曉明，甘青地區史前玉器研究〔D〕，蘭州：西北民族大學，2014。

〔註 58〕王玉妹，齊家文化玉器的考古學研究〔D〕，長春：吉林大學，2012。

〔註 59〕郭金鈺，齊家文化玉石器研究〔D〕，西安：陝西師範大學，2012。

〔註 60〕曹芳芳，龍山時代玉器與用玉傳統的嬗變——以黃河流域為中心〔D〕，北京：北京大學，2014。

〔註 61〕黃苑，凌家灘遺址出土玉器研究〔D〕，濟南：山東大學，2011。

〔註 62〕杜佳佳，凌家灘玉器的考古學研究〔D〕，南京：南京師範大學，2011。

〔註 63〕丁雪崎，長江下游史前玉器的發現與研究〔D〕，瀋陽：遼寧師範大學，2014。

〔註 64〕郝炎峰，二里頭文化玉器的考古學研究〔D〕，北京：中國社會科學院研究生院，2005。

〔註 65〕周宇傑，夏代玉器的初步研究〔D〕，瀋陽：遼寧師範大學，2015。

〔註 66〕楊建芳，先秦兩漢的飾紋玉石璧〔J〕，中國文物世界，1987（12）：31～37。

〔註 67〕楊建芳，龍鳳紋玉璧之演變〔J〕，中國文物世界，1991（1）：126～134。

〔註 68〕趙瑾，東周時期出土玉璧用途的初步研究〔D〕，中國藝術研究院，2013。

思雨對戰國時期玉璧也所有論及〔註69〕。

　　商周時期關於玉器的論著中比較重要的有社科院考古所的《殷墟婦好墓》〔註70〕《殷墟玉器》〔註71〕《安陽殷墟出土玉器》〔註72〕是對殷墟出土玉器的梳理與介紹。研究文章多集中於帶領玉璧，吉開將人〔註73〕、黃翠梅〔註74〕、朱乃誠〔註75〕、張強祿等都有專文論述。學位論文中也有涉及到玉璧的內容，如《甲骨金文中所見玉資料的初步研究》〔註76〕《殷墟墓葬玉器之研究》〔註77〕《殷墟玉器分類及組合研究》〔註78〕《商周玉文化研究》〔註79〕《春秋玉器研究》〔註80〕《吳越玉器研究》〔註81〕《楚地玉器綜論》〔註82〕《洛陽東周墓葬出土玉器初步研究》〔註83〕等。

3. 漢代

　　關於漢代玉璧研究的文章相對較多，其中盧兆蔭對漢代玉璧進行了綜合研究，將玉璧分為出廓璧與非出廓璧兩大類，並按類進行細緻分型分式，為漢代玉璧的型式分析建立了標準；對玉璧的功能和用途進行了梳理，大致理清了漢代玉璧的主要用途；並且推斷當時的玉璧是由設在長安與洛陽及各諸侯國

〔註69〕丁哲，李思雨，戰國時期的玉璧〔J〕，收藏界，2013（5）：35～40。

〔註70〕中國社會科學院考古研究所，殷墟婦好墓〔M〕，北京：文物出版社，1980。

〔註71〕中國社會科學院考古研究所，殷墟玉器〔M〕，北京：文物出版社，1982。

〔註72〕中國社會科學院考古研究所，安陽殷墟出土器〔M〕，北京：科學出版社，2005。

〔註73〕吉開將人，論「T字玉環」〔A〕，香港中文大學中國考古藝術研究中心，南中國及鄰近地區古文化研究——慶祝鄭德坤教授從事學術活動六十週年論文集〔C〕，香港：中文大學出版社，1993：255～268，吉開將人，中國與東南亞的「T」字形環〔J〕，四川文物，1999（2）：81～96。

〔註74〕黃翠梅，殷墟出土的有領玉環及其相關問題〔A〕，李永迪，紀念殷墟發掘八十週年學術研討會論文集〔C〕，臺北：「中央」研究院歷史語言研究所，2015：211～225。

〔註75〕朱乃誠，殷墟婦好墓出土有領玉璧與有領玉環研究〔J〕，江漢考古，2017（3）：109～118。

〔註76〕揚州，甲骨金文中所見「玉」資料的初步研究〔D〕，北京：首都師範大學，2007。

〔註77〕魏小花，殷墟墓葬玉器之研究〔D〕，南京：南京師範大學，2012。

〔註78〕劉敏，殷墟玉器分類及組合研究〔D〕，西安：陝西師範大學，2013。

〔註79〕陳珊，商周玉文化研究〔D〕，青島：青島大學，2016。

〔註80〕周政，春秋玉器研究〔D〕，瀋陽：遼寧師範大學，2015。

〔註81〕楊秀侃，吳越玉器研究〔D〕，上海：復旦大學，2011。

〔註82〕韓靜，楚地玉器綜論〔D〕，武漢：華中師範大學，2011。

〔註83〕徐暘，洛陽東周墓葬出土器初步研究〔D〕，鄭州：鄭州大學，2014。

的官營玉器作坊製作,是對漢代玉璧的系統梳理與研究〔註84〕。另外先生還撰文梳理了漢代出廓玉璧的發展脈絡,出現於戰國,在西漢沿用,西漢中期後開始在璧上方出廓,兩漢風格相繼,但東漢附多加吉語文字,出廓部分也較西漢低,主要起裝飾作用〔註85〕。陳斯文《兩漢時期出土玉璧的初步研究》〔註86〕是對兩漢時期考古出土的玉璧資料進行搜集整理,對其進行分類、出土地點及位置等進行梳理,總結了玉璧的區域特徵,並對玉璧的起源、發展、功能、用玉等級特徵及玉璧的象徵意義和蘊含的喪葬觀念進行深入研究,是首次對漢代玉璧的系統研究與分析。周秋香《兩漢時期墓葬中出土玉璧、玉蟬的研究》將兩漢時期墓葬出土玉璧分作西漢早中晚、東漢早中後期6個階段,對各段的分期特徵、區域特徵、隨葬玉璧的出土位置、等級及性別特徵進行總結,並且對漢代玉璧的寓意及蘊含觀念、喪葬制度對玉璧的影響等相關問題進行探討〔註87〕。石文嘉《漢代墓葬中出土玉璧的研究》〔註88〕對漢代墓葬中出土玉璧進行分類和分期研究,並根據玉璧的分布將其劃為核心區域和非核心區域,文章還對玉璧的等級制度及其所反映的生死觀念進行討論與研究,是對漢代墓葬中出土玉璧的系統梳理。吳桐《略論秦漢玉璧》〔註89〕對秦代、西漢、東漢時期遺址與墓葬出土玉璧進行了分類與分期研究,文章著重對玉璧的使用情況進行了詳細的考察與梳理,並對秦漢玉璧的鑒定特徵也進行了討論,是從文物學與考古學角度對玉璧的探討研究。臧翠翠《兩漢出廓玉璧》是對兩漢時期出廓璧的整理與研究〔註90〕。

　　還有一些重要遺址出土玉璧的專論,如黃展岳《論南越王墓出土的玉璧》〔註91〕對南越王墓中出土玉璧的形製、出土位置進行了介紹,並結合戰國王陵出土的玉璧情況,對玉璧功能、圖案進行解析。古方《從南越王墓出土的玉璧

〔註84〕盧兆蔭,略論漢代的玉璧〔A〕,中國社會科學院考古研究所,中國考古學論叢——中國社會科學院考古研究所建所40週年紀念〔C〕,北京:科學出版社,1995:379～389。
〔註85〕盧兆蔭,別透玲瓏玉寶璧——漢玉漫談〔J〕,文物天地,1993(3)。
〔註86〕陳斯文,兩漢時期出土玉璧的初步研究〔D〕,西安:西北大學,2012。
〔註87〕周秋香,兩漢時期墓葬中出土玉璧、玉蟬的研究〔D〕,合肥:江西師範大學,2015。
〔註88〕石文嘉,漢代墓葬中出土玉璧的研究〔D〕,天津:南開大學,2011。
〔註89〕吳桐,略論秦漢玉璧〔D〕,南京:南京大學,2015。
〔註90〕臧翠翠,兩漢出廓玉璧〔J〕,裝飾,2009(6)。
〔註91〕黃展岳,論南越王墓出土的玉璧〔A〕,遠望集——陝西省考古研究所華誕四十週年紀念文集〔C〕,西安:陝西人民美術出版社,1998:625～631。

談漢代的玉璧》〔註92〕中將青色或青綠色玉璧稱為玄璧,為專門用於喪葬的玉璧。作者認為玄璧隨葬是漢代高等級墓葬的葬玉習俗,具有引導墓主人升仙的意義。王望生對西安棗園漢墓出土玉器進行介紹,並對玉器的時代與紋飾特徵、功能、製作工藝進行了簡要研究〔註93〕。

另外各個時期的玉器論文、論著中對一般都會對玉璧有所涉及,其中具有代表性的有劉雲輝在《周原玉器》〔註94〕《陝西出土東周玉器》〔註95〕《陝西出土漢代玉器》〔註96〕等著作中對西周時期至漢各個階段陝西出土的典型玉璧進行收集整理,並對玉璧的形製、紋飾、功能等方面進行了研究。石榮傳對兩漢時期諸侯王墓出土的玉器進行了類型學和分期研究〔註97〕。另外林巳奈夫的《中國古玉研究》中收錄了大量漢代畫像磚石、壁畫中的玉璧圖案,並對玉璧的象徵意義進行了探討〔註98〕。

四、起源及原型研究

關於玉璧的命名及起源研究的專論有數篇,其中對於玉璧的起源及原型討論最多,有濱田耕作的環狀的石斧衍生說〔註99〕;張明華的璧形石斧和璧形玉玲說〔註100〕;王仁湘的環鐲類實用裝飾品說〔註101〕;鄧淑蘋的黃道說〔註102〕;

〔註92〕古方,從南越王墓出土的玉璧談漢代的玄璧〔A〕,中國秦漢史研究會:南越國史蹟研討會論文選集〔C〕,北京:文物出版社,2005。

〔註93〕王望生,西安北郊棗園南嶺漢墓玉器試析〔A〕,遠望集——陝西省考古研究所華誕四十週年紀念文集〔C〕,西安:陝西人民美術出版社,1998:632~638。

〔註94〕劉雲輝,周原玉器〔M〕,臺北:眾志美術出版社,1996。

〔註95〕劉雲輝,陝西出土東周玉器〔M〕,北京:文物出版社;臺北:眾志美術出版社,2006。

〔註96〕劉雲輝,陝西出土漢代玉器〔M〕,北京:文物出版社;臺北:眾志美術出版社,2009。

〔註97〕石榮傳,從兩漢諸侯王墓出土玉器看漢玉藝術風格〔J〕,文物春秋,2004(1):38~41。

〔註98〕林巳奈夫著,楊美莉譯,中國古玉研究〔M〕,臺北:藝術圖書公司,1997。

〔註99〕濱田耕作,有竹齋古玉譜:支那古玉概說〔A〕楊伯達,巫玉之光〔C〕,上海:上海古籍出版社,2005:131~145。

〔註100〕張明華,良渚玉璧研究〔A〕,南宋錢幣博物館,良渚文化玉璧研究論文集〔C〕,1998,190。

〔註101〕王仁湘,琮璧名實臆測〔J〕,文物,2006(8):69~74。

〔註102〕鄧淑蘋,從漢代玉璧論璧在中國文化史上的意義〔J〕,故宮學術季刊,2013(3):1~43,鄧淑蘋,璧的故事(上)〔J〕,大觀,2014(7):24~37,鄧淑蘋,從黃道、太一到四靈〔J〕,故宮文物月刊,2015(390)。

朱延平的圓陶片說〔註103〕；楊伯達認為北系玉文化（東北地區）中的玉璧應稱為圓形邊刃器，源於玉石圓形刀；良渚文化玉璧為古代玉璧的典範，文明時期玉璧的祖型與源頭〔註104〕。雷廣臻認為古人仿眼為璧〔註105〕；蔡運章認為屈家嶺文化中對天體的崇拜，促使了玉璧從紡輪向玉璧演變，玉璧是旋轉不止的天體象徵〔註106〕。張勳燎認為璧最初是由實用的天平砝碼發展演變而來〔註107〕。另外王煒林認為璧等器物在中原地區可能是本地起源，其產生的時代可以追溯至廟底溝文化時期〔註108〕。

五、功能用途研究

張明華通過對歷代文獻中關於玉璧的記載內容的數量，結合考古資料，對玉璧的用途進行整理，總結出玉璧的 18 種用途。他認為，隨著時代的變遷，風俗的演襲，玉璧的用途愈加複雜〔註109〕。幸曉峰對三星堆〔註110〕、皇娘娘臺遺址〔註111〕、反山遺址〔註112〕出土的玉璧進行音樂聲學特徵研究，認為其為古代玉聲的載體。沈博對玉石璧作為樂器的功能與象徵意義進行考察〔註113〕。鄭建明認為新石器時代玉璧無論是起源還是功能都與太陽有關，仿太陽而製，而其功能主要是借助太陽的力量，使墓主人的靈魂進入永

〔註103〕 朱延平，試論齊家文化玉璧之源〔J〕，文博，2019（3）：18～26。

〔註104〕 楊伯達，史前玉璧名實辨——兼論良渚文化玉璧是古代玉璧的祖型〔A〕，楊伯達，巫玉之光〔C〕，上海：上海古籍出版社，2005：131～145。

〔註105〕 雷廣臻，玉玦、玉璧仿生原型探源〔J〕，遼寧師專學報（社會科學版），2008（4）：132～134。

〔註106〕 蔡運章，屈家嶺文化的天體崇拜——兼談紡輪向玉璧的演變〔J〕，中原文物，1996（2）：47～49。

〔註107〕 張勳燎，古璧和春秋戰國以前的衡權（砝碼）〔J〕，四川大學學報（哲學社科版），1979（1）：86～97。

〔註108〕 王煒林，廟底溝文化與璧的起源〔J〕，考古與文物，2015（6）：30～34。

〔註109〕 張明華，說璧〔J〕，收藏家，2007（11）：75～80。

〔註110〕 幸曉峰，三星堆遺址出土玉璧的祭祀功能和音樂聲學特徵（上）〔J〕，中華文化論壇，2004（4）；幸曉峰，三星堆遺址出土石璧的祭祀功能和音樂聲學特徵（下）〔J〕，中華文化論壇，2005（2）。

〔註111〕 幸曉峰等，甘肅武威皇娘娘臺遺址出土玉石璧音樂聲學性能初步研究〔J〕，中國歷史文物，2008（4）：39～48。

〔註112〕 幸曉峰等，良渚文化反山遺址出土玉璧音樂聲學特徵的初步探討〔J〕，中華文化論壇，2008（2）：103～107。

〔註113〕 沈博，玉石璧的音樂性能及祭祀功能研究〔D〕，成都：四川省社會科學院，2016。

恆與再生〔註114〕。對新石器時代玉璧功能用途的討論多集中於良渚文化，王明達〔註115〕、周世榮〔註116〕、郭青嶺〔註117〕、黃建秋〔註118〕、夏寒〔註119〕、劉錚〔註120〕、葉維軍〔註121〕等對良渚文化玉璧功能進行了探討。另外付麗琛對紅山文化玉璧功能〔註122〕、趙瑾對東周玉璧功能與用璧制度〔註123〕、沈辰對西漢分區複合紋玉璧的功能及文化寓意〔註124〕、劉尊志對漢代玉璧殮葬問題〔註125〕進行了分析與研究。此外，柳志青〔註126〕、劉森森〔註127〕、屠燕浩〔註128〕等也對玉璧的功能進行探討。

六、圖像與文化意義研究

對於玉璧及玉璧圖案的釋讀和象徵意義的研究主要是針對漢代玉璧或璧圖案展開的，涵蓋了玉璧及漢代畫像石、畫像磚、帛畫等素材中的璧的圖像內容解析。其中有陳江風〔註129〕，任義玲〔註130〕等以玉璧圖像為研究內

〔註114〕 鄭建明，史前玉璧源流、功能考〔J〕，華夏考古，2007（1）：80～87。

〔註115〕 王明達，良渚文化玉璧功能考述〔J〕，中國錢幣，1998（2）：33～35。

〔註116〕 周世榮，淺談良渚文化玉璧的功能〔J〕，中國錢幣，1998（2）：41～43。

〔註117〕 郭青嶺，良渚文化玉璧功能論點綜述〔J〕，史前研究，2002：381～384。

〔註118〕 黃建秋，幸曉峰，良渚文化玉璧功能新探〔J〕，東南文化，2008（6）：58～63。

〔註119〕 夏寒，論良渚文化玉璧的功能〔J〕，南方文物，2001（3）：42～46。

〔註120〕 劉錚，良渚玉璧象徵意義新探〔J〕，中原文物，2012（5）：38～43。

〔註121〕 葉維軍，良渚文化圖像玉璧試析〔J〕，華夏考古，2002（3）：42～49。

〔註122〕 付麗琛，孫國軍，淺析紅山文化玉璧的功能〔J〕，赤峰學院學報（漢文哲學社會科學版），2015（6）：6～8。

〔註123〕 趙瑾，東周時期出土玉璧用途的初步研究〔D〕，北京：中國藝術研究院，2013。

〔註124〕 沈辰，傳統與時尚：從跨文化研究的角度再釋西漢時期的「玉璧」和「龍」〔A〕，湖南省博物館，紀年馬王堆漢墓發掘四十週年國際學術研討會論文集〔C〕，長沙：嶽麓書社，2016：503～514，沈辰，文化傳承中的時尚——西漢玉璧功能以及文化寓意的再思考〔J〕，故宮博物院院刊，2019（6）：4～22。

〔註125〕 劉尊志，漢代墓葬中的玉璧殮葬〔J〕，華夏考古，2018（6）：100～110，117。

〔註126〕 柳志青，玉璧曾是圓盤鋸——發現新石器時代機床玉製刀具之二〔J〕，浙江國土資源，2004（9）：55～57。

〔註127〕 劉森森，玉璧為一種上古貨幣論〔J〕，銀行與企業，1999（9）：41～45。

〔註128〕 屠燕浩，試論良渚玉璧在貨幣文化中的地位〔J〕，中國錢幣，1998（2）：44～48。

〔註129〕 陳江風，漢畫玉璧圖像的文化象徵〔A〕，中國漢畫學會第十屆年會論文集〔C〕，武漢：湖北人民出版社，2006，陳江風，漢畫像中的玉璧與喪葬觀念〔J〕，中原文物，1994（4）：67～70。

〔註130〕 任義玲，漢代畫像中的玉璧及其蘊含的象徵意義〔J〕，中州今古，2000（4）：51～54。

容，對漢畫像石中出現的玉璧圖案及其反映的喪葬觀念和象徵意義做了相關研究。涉及到玉璧的圖案主要有懸璧圖〔註131〕、穿璧紋〔註132〕、二龍穿璧紋〔註133〕、龍璧紋〔註134〕等。巫鴻還對馬王堆一號漢墓帛畫、漆棺、畫屏上的龍璧圖像與棺外懸繫的玳瑁璧間的關係進行了解讀與討論〔註135〕。

還有一些是關於其他時間段玉璧圖案及意義研究的，如姚琛對仰韶文化玉璧及懸璧紋樣進行整理〔註136〕，袁廣闊對新石器時代彩陶上的玉器圖案進行了辨識，其中包含璧的圖案〔註137〕。

七、用玉習俗或制度研究

孫曼《良渚遺址群琮、璧、鉞使用制度研究》〔註138〕是對良渚文化中典型遺址內出土玉石璧的擺放、功能用途及使用制度的研究與探討。石文嘉的《漢代玉璧的隨葬制度》〔註139〕是對於漢代玉璧之間存在的等級差異的分析與討論。盧兆蔭先生的《略論漢代禮儀用玉的繼承與發展》〔註140〕《論玉文化在漢代的延續和發展》〔註141〕，主要是對漢代禮儀用玉的用玉製度的討論，其中歸納了玉璧的禮玉、祭玉、瑞玉三種功能，也著重分析了玉璧的紋飾功能和意義。黃鳳春《試論包山 2 號楚墓飾棺連璧制度》〔註142〕一文從包山 2 號

〔註131〕呂品，「蓋天說」與漢畫中的懸璧圖〔J〕，中原文物，1993（2）：1～9，牛天偉，略論「天門懸璧」圖中璧的象徵意義』〔J〕，四川文物，2009（1）：92～94。

〔註132〕殷志強，漢代穿璧——玉璧含義的新變化〔N〕，中國文物報，2001-05-20（008）。

〔註133〕孫狄，漢畫像石雙龍穿璧圖形的象徵意義〔J〕。

〔註134〕阿嘎爾，漢畫像磚石龍璧圖案類型與功能初探〔D〕，北京：中央民族大學，2015，徐唯，漢畫像中龍璧所象徵的精神世界〔D〕，北京：北京大學，2007。

〔註135〕巫鴻，馬王堆一號漢墓中的龍、璧圖像〔J〕，文物，2015（1）：54～61。

〔註136〕姚琛，仰韶文化玉璧及懸璧紋樣研究〔J〕，開封教育學院學報，2013（8）：283～284。

〔註137〕袁廣闊，略論我國新石器時代彩陶上的玉器圖案〔J〕，中原文物，2015（5）：45～50，67。

〔註138〕孫曼，良渚遺址群琮、璧、鉞使用制度研究〔D〕，南京：南京師範大學學位論文，2013。

〔註139〕石文嘉，漢代玉璧的隨葬制度〔J〕，中原文物，2013（3）：61～66。

〔註140〕盧兆蔭，略論漢代禮儀用玉的繼承與發展〔J〕，文物，1998（3）：43～48。

〔註141〕盧兆蔭，略論漢代喪葬用玉的發展與演變〔A〕，鄧聰，東亞玉器（Ⅰ）〔C〕，香港：中國考古藝術研究中心，1998：158～164。

〔註142〕黃鳳春，試論包山 2 號楚墓飾棺連璧制度〔J〕，考古，2001（11）：60～65。

楚墓的飾棺璧入手，通過對同一時期同類考古發現的比較及古代文獻的梳理，認為先秦時期存在飾棺連璧制度。這一制度為漢代所繼承，至東漢晚期衰落。西漢開始，連璧制度不僅保留了用實物玉璧以絲帶交連於棺檔，同時也出現了一雕刻或繪畫的形式，將璧飾於內棺的新手法。

另外還有一些對玉器的綜合研究文章及學位論文中也包含了用璧制度的研究，其中重要的有孫慶偉《周代墓葬所見用玉製度研究》[註143]、何宏波《先秦玉禮研究》[註144]、石榮傳《三代至兩漢玉器分期及用玉製度研究》[註145]、丁思聰《殷墟墓葬的用玉製度——以安陽黑河路墓葬出土玉器為例》[註146]、石榮傳、陳傑《兩周葬玉及葬玉製度之考古學研究》[註147]等，都是對先秦時期用玉製度的梳理與研究。

八、地質礦物學研究

聞廣對南越王墓[註148]、紅山文化[註149]、灃西遺址[註150]、高郵神居山二號漢墓[註151]等出土的玉器材質進行了鑒定，其中玉璧中透閃石玉的比例比較高。員雪梅曾對在燕遼、海岱及中原地區的500餘件出土及館藏玉器進行了產源研究，認為燕遼地區所選標本絕大多數是用透閃石質的軟玉製作的，顏色、光澤、質地同岫岩閃石玉非常相近。海岱地區所選標本大部分是透閃石玉製作的，另有約20%是用蛇紋石、大理岩、滑石、綠松石等玉料製作。閃石料中一部分與岫岩閃石玉比較接近，另有一部分與良渚文化玉器之玉料非常近似。山西、河南地區所選標本較少一部分是透閃石玉製作的，大部分則

〔註143〕孫慶偉，周代墓葬所見用玉製度研究〔D〕，北京：北京大學學位論文，2003。

〔註144〕何宏波，先秦玉禮研究〔D〕，鄭州：鄭州大學學位論文，2001。

〔註145〕石榮傳，三代至兩漢玉器分期及用玉製度研究〔D〕，濟南：山東大學學位論文，2005。

〔註146〕丁思聰，殷墟墓葬的用玉製度——以安陽黑河路墓葬出土玉器為例〔D〕，北京：中國社會科學院研究生院，2013。

〔註147〕石榮傳，陳傑，兩周葬玉及葬玉製度之考古學研究〔J〕，中原文物，2011（5）：25～31。

〔註148〕聞廣，中國古玉地質考古學研究——西漢南越王墓玉器〔J〕，考古，1991（11）：1032～1038。

〔註149〕聞廣，中國古玉地質考古學研究的續進展〔J〕，故宮學術季刊，1993（1）。

〔註150〕聞廣，荊志淳，灃西西周玉器地質考古學研究——中國古玉地質考古學研究之三〔J〕，考古學報，1993（2）：251～280。

〔註151〕聞廣，高郵神居山二號漢墓玉器地質考古學研究——中國古玉地質考古學研究之四〔J〕，文物，1994（5）：83～94。

是用大理石、蛇紋石化大理石、蛇紋石、滑石、綠松石等製作〔註152〕。趙朝洪等編著的《遼寧岫岩玉》一書中對遼寧岫岩玉料的成礦因素、成礦年代、玉料分類及各項特徵進行細緻的踏查、分析與研究，對燕遼及海岱地區出土玉器與岫岩玉進行比對與檢查分析，推斷岫岩玉石燕遼及海岱地區出土玉器玉料的主要來源地，是運用多學科、採用多角度、多方位研究古代玉器玉料來源的新探索〔註153〕。

綜上，由於玉璧的流傳時間比較長，始於新石器時代，流行的範圍也比較廣，從東北至華南、西北至東南都有分布。以往對於玉璧的研究，各個時代皆有，新石器時代與漢代是兩個關注度最高的階段，論述較多。但是多數是對某個時期或某一文化中的玉器研究，關於玉璧的專論數量較少。玉璧的專論中多數是關於某一時期、某一文化中玉璧的分析，內容涵蓋了玉璧的發現情況、玉璧的型式分析、分期情況，有個別的文章對於玉璧的紋樣圖案及用玉製度進行了探討，但是從整體來看，對玉璧的研究缺乏長線的、綜合的研究，以及各個階段玉璧的比較研究。

第三節　研究對象及時空範圍

一、研究對象

對璧最早的文字記載見於殷墟花園莊東地甲骨，數條卜辭中涉及璧，如 ⦿（花東 37）、⦿（花東 490）。璧為形聲字。羅振玉在釋僻字時云：「古金文作⦿，增○，乃璧之本字，從○辟聲」〔註154〕此字從○從辛，當是璧字的早期形態〔註155〕。花東卜辭中還有見辭末「璧」字作 ⦿（花東 180），此字為周邊外突三齒，形似殷墟所出的牙形玉璧，指牙形璧〔註156〕。又或可以直接釋為

〔註152〕員雪梅，燕遼、海岱、中原地區新石器時代玉器研究〔D〕，北京：北京大學，2005。

〔註153〕王時麒，趙朝洪，于洸，員雪梅，段體玉，中國岫岩玉〔M〕，北京：科學出版社，2006。

〔註154〕羅振玉，殷虛書契考釋〔C〕//殷虛書契考釋三種〔A〕，上海：中華書局，2005：52。

〔註155〕中國社會科學院考古研究所，殷墟花園莊東地甲骨（第6冊）〔M〕，昆明：雲南人民出版社，2003：1574。

〔註156〕中國社會科學院考古研究所，殷墟花園莊東地甲骨（第6冊）〔M〕，昆明：雲南人民出版社，2003：1629。

璧〔註157〕。從甲骨文「璧」的字形看，璧應當為一類圓形器物，圓形周邊的小齒或指代其中一類特殊器形，牙璧亦為璧，不矛盾。

對於璧的定義，《爾雅·釋器》云：「肉倍好，謂之璧；好倍肉，謂之瑗；肉好若一，謂之環。」郭璞注：「肉，邊也；好，孔也。」《說文解字》曰：「璧，瑞玉圓也」「瑗，大孔璧也。人君上除陛以相引，從玉爰聲。爰部，爰引也。」「環，璧也。肉好若一謂之環」。可見古代圓形中央帶孔的器物形製相近的有三種，玉璧、玉環、玉瑗，三者間的差別就在於肉和好的尺寸。

清代吳大澂以《說文解字》中的記載為依據，通過對其藏品的測量，認為玉瑗的中孔較大，邊輪比較窄；玉環的中孔尺寸是邊輪尺寸的一半〔註158〕。從中可知吳大澂所理解的肉為兩側邊輪的寬度和，好為中孔直徑（圖1）。

圖1　吳大澂釋璧、環、瑗

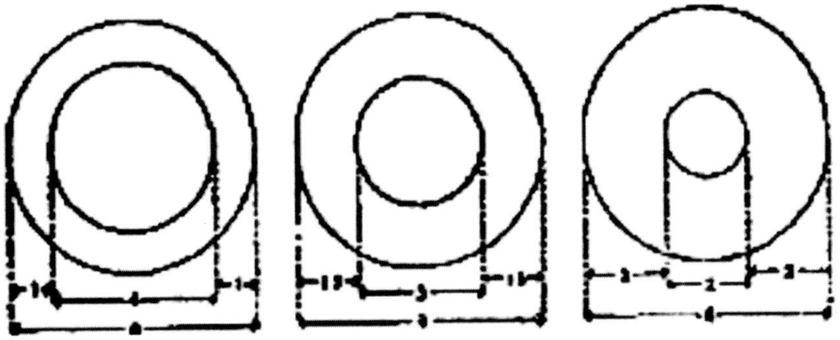

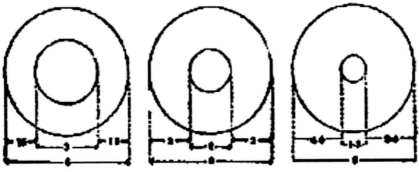

瑗　　　　　　　環　　　　　　　璧

圖2　那志良釋璧、環、瑗

〔註157〕姚萱，殷墟花園莊東地甲骨卜辭的初步研究：附錄一〔D〕，北京：首都師範大學，2004：40。

〔註158〕吳大澂，古玉圖考〔M〕，上海：上海同文書局，1889：43～47。

　　那志良認為「從內廓的邊緣，到外廓的邊緣，就是肉的尺寸了」，孔最小的，孔徑小於肉的為璧；孔徑與肉差不多是一樣的為環，孔最大的，孔徑大於肉的為瑗〔註159〕（圖2）。

　　夏鼐認為漢代玉璧的孔部與體部的大小比例，並沒有《爾雅》所說的整齊劃一，並不只分為三種，而是各種比例都有。他將孔部體部大體一致或孔部較小的都稱為璧，體部窄細而孔大的稱為環，其中大的作鐲子用的可稱為玉鐲，小的作為玉佩組成部分的繫玉〔註160〕。他建議將三類總稱為璧環類，或簡稱為璧〔註161〕。

　　鄧淑萍在《圭璧考》中將板圓形中有大圓孔的玉器稱為「璧屬玉器」〔註162〕。

　　孫慶偉在《周代墓葬所見用玉製度研究》中認為「瑗」在三類器物中出現最晚，《爾雅》的成書年代一般也認為在戰國末年，因此認為「瑗」並非周代通行的玉器名稱，而是璧環類器物的某種異稱或晚出的器名〔註163〕。

　　但是揚州通過對周代金文中與「玉」相關的資料梳理，發現璧、瑗、環字在西周青銅器銘文中都有發現，應該都是當時實際存在的玉器種類〔註164〕。

　　楊晶認為瑗、環通假，可以取消瑗的說法，但璧環不能混為一談。她依據考古發現資料，將中孔直徑小於一邊寬度及中孔內徑與一邊的寬度相同的扁圓形玉器，稱作玉璧；將中孔的內徑大於一邊寬度的扁圓形玉器，稱作玉環〔註165〕。

　　玉璧在古代是以什麼樣的標準來區分，是否如文獻所記，是以肉好的比例來區分的，也是本書研究與探討的內容之一。

　　中孔直徑小於或等於璧面寬的玉璧可稱為璧，是學界基本的共識，這種認識與吳大澂對於璧的界定基本相符。吳大澂對環的界定可理解為中孔半徑與璧面寬相同，瑗的界定為中孔半徑為璧面寬的1倍。作者基本認同吳大澂對幾

〔註159〕那志良，古玉鑒裁〔M〕，臺北：國泰美術館，1980：74～75。

〔註160〕夏鼐，漢代的玉器——漢代玉器中傳統的延續和變化〔J〕，考古學報，1983（2）：131～132。

〔註161〕夏鼐，商代玉器的分類、定名和用途〔J〕，考古，1983（5）：456～458。

〔註162〕鄧淑蘋，圭璧考〔J〕，故宮學術季刊，1993（3）：56～57。

〔註163〕孫慶偉，周代墓葬所見用玉製度研究〔D〕，北京：北京大學，2003：186～188。

〔註164〕揚州，甲骨金文中所見「玉」資料的初步研究〔D〕，北京：首都師範大學，2007：131～135。

〔註165〕楊晶，中國史前玉器的考古學探索〔M〕，北京：社科科學文獻出版社，2011：13。

類器物的認識，但是從已有的考古資料來看，完全符合璧、環、瑗標準的璧形器物確實存在，但是更多的器物尺寸是在這幾類標準之間的，這些在標準之間的器物如何界定，是問題所在。本書根據吳大澂的界定，結合考古資料，將介於璧與環之間的器物皆稱為璧，介於環、瑗之間的器物皆稱為環，由於現今學界多認為瑗的稱謂可以略去，因此璧形器物則可分為兩類，以中孔半徑與璧面寬的關係來區分，所謂璧，為中孔半徑小於或等於璧面寬的璧形器；而所謂環，則是中孔半徑大於璧面寬的璧形器。

玉璧，或者說扁平圓形、中央有孔的玉器，出現是在距今 9000 年前後的新石器時代遺址中。而我們對玉璧類器物形製的記載多見於戰國、秦漢時期的書籍中，中間有 6000 餘年的時間差，在此期間對玉璧的定義並不為人所知，而我們現今所見之玉璧，是否在當時即稱之為玉璧，更不可知。因此以戰漢時期的書籍來規範新石器至商周時期的玉璧劃分，可能會有些問題。

因此本書將所涉及的玉璧考察範疇擴大，在東周之前包括了扁圓形、中央有孔的璧形器物，即將璧形器都納入考察範圍。另外由於《爾雅》的成書年代應不早於戰國，因而自東周始，玉璧的考察範圍略有縮小，即中孔半徑小於璧面寬的璧形器。如此考量，也是為了通過對璧形器的梳理，看是否能為玉璧的器形變化及玉璧的定名梳理出有效的線索。

史前時期的玉璧，有些並非圓形，有方形、方圓形、不規則形等，有些玉璧邊輪帶扉牙，都屬本書討論之列。邊輪窄高，橫截面為圓形、橢圓形、窄長方形、異形等的玉鐲、玉環類器物不屬於本書的討論範疇。史前時期有些玉璧發現時是戴在手臂上的，器形與同時期其他玉璧形製相同，其意義也非單純的裝飾，器物的定名還是玉璧或玉環，而非鐲，此類器物屬於本書的研究範疇。

考古資料中對於璧形器的命名並不規範，玉璧、玉瑗、玉環都有使用，而且這些稱謂的使用標準也不統一，本書根據文章中對璧、環的劃分及器物的時代進行了重新的界定。

本書以考古發掘出土的玉璧為主要研究對象，部分有明確出土地點的採集、徵集品也在考察之列。

本書的研究內容以透閃石玉璧為主，新石器時代至夏紀年時期還包括了大理岩、石英岩、滑石等其他玉石材質璧。除此之外，還有非玉石材質璧類，如陶璧、玻璃璧、瓷璧、銅璧等，仿玉璧而做，依玉璧的功能而使用，文中也都有所涉及。另外古代的墓葬壁畫、畫像磚石、建築上也有些關於璧的內容，

雖然並非實物玉璧，但是是以圖案來替代或體現玉璧的功用，本書也將這些內容涵蓋進來，以求更全面地瞭解、梳理古代玉璧的全貌。

二、時空範圍

　　本書討論的玉璧涵蓋新石器時代、夏紀年時期、商代、西周、春秋戰國、秦代、西漢、東漢各個時間段。對夏存在與否及其文化內涵等學界尚有爭議，但是在這一時間段各地確然分布著各類遺址及考古學文化，而傳統意義的夏文化分布範圍有限，同時期其他區域的文化遺存不屬於夏文化範疇，其中一些遺址新石器時代晚期與夏紀年時期的文化是延續發展的，未有明顯間斷，因此本書將夏記為一個紀年時期，與新石器時代合為一個大的階段進行考察。春秋戰國時期統一歸為東周時期進行梳理與研究。秦代由於存在時間較短，僅 20 餘年，秦文化在東周時期發展成熟，在文化面貌上與秦代一脈相承，漢初又承秦制，因此可明確確定為秦代的遺址或遺存很少，大部分相關遺存的時代或承自戰國晚期，或延續至西漢時期，如何將秦代玉璧從戰國與漢代玉璧中準確的區分與辨識，還需要更多考古資料來補充。因此本書並未將秦代玉璧單獨列出。西漢、東漢制度相接，文化面貌相近，因此以漢代進行分析與研究。

　　本書討論的空間範圍主要包括我國各時期疆域範圍。為更明晰地梳理出各時期玉璧的發展脈絡，文中將各時期空間範圍劃分為單元。受各時期考古學文化分布、地理地貌等的影響，各時期的劃分標準並不一致。

　　新石器時代至夏紀年時期主要以地理環境分區為基礎，結合考古學文化分區，以時間為線索，以考古學文化為單位進行。有些遺址尚在研究當中，未命名考古學文化，則單獨補充遺址出土玉璧的內容，以免有所遺漏。商代玉璧在商文化及同時期的其他地區的考古學文化中都有發現，在商文化分布範圍內，考古學文化面貌相對比較一致，可歸為一個單元，因此玉璧的發現與研究以商文化分布地域及同時期其他地區及重要遺址點為基礎單元來進行梳理。西周時期分封各諸侯國於疆域之內，周文化的分布範圍更為廣闊。同時期玉璧的發現與使用主要以周文化分布範圍為主，玉璧在各諸侯國都多有發現，同時期其他地區及考古學文化發現較少。若以周文化分布範圍為單元進行研究，範圍過大。因此對西周玉璧的發現與研究以王畿各地區，如周原、豐鎬、洛邑及晉、燕等各大諸侯國所轄及周邊地區為單元，輔以同時期的其他地區考古學文化及重要遺址來進行梳理與分析研究，再補充零散分布的小型諸侯國玉璧資

料，以全面梳理西周時期的玉璧發現與使用情況，釐清西周玉璧的發展脈絡。東周時期仍以王畿地區、大諸侯國及其周邊地區為單元進行梳理。漢代玉璧的分布範圍更廣，發現地點遍布所轄地域，而且文化面貌表現出較強的一致性。漢代對疆域的管理實行郡國並行制，郡國所轄區域多有變動，以當時的郡國為單元不太具有可行性。因此對漢代玉璧的分析與研究以現今的行政區劃為單元，輔以諸侯國、郡縣資料進行，以求能在相對固定的地理單元，更明晰地梳理與分析研究。

第二章　新石器時代至夏紀年時期
　　　　玉璧研究

第一節　新石器時代至夏紀年時期的文化框架與背景

　　新石器時代至夏紀年時期文化框架的架構是基於各地區各時期考古學文化序列來完成的，下節中分地區詳述，此不贅述。這一階段的絕對年代，以新石器時代的開始為始年，根據最新的考古發現研究成果，絕對年代約在距今15000年前後〔註1〕；夏紀年時期根據夏商周斷代工程的階段性成果，大致為2070～1600B.C.〔註2〕，因此這一階段的終年約在距今3600年前後〔註3〕。

〔註1〕韓建業，中國新石器時代早中期文化的區系研究〔A〕，北京大學考古文博學院，北京大學中國考古學研究中心，考古學研究（九）〔C〕，北京：科學出版社，24～36。

〔註2〕仇士華，蔡連珍，夏商周斷代工程中的碳十四年代框架〔J〕，考古，2001（1）：90～100，張雪蓮，仇士華，關於夏商周碳十四年代框架〔J〕，華夏考古，2001（3）：59～72，夏商周斷代工程專家組，夏商周斷代工程：1996～2000年階段成果報告（簡本）〔M〕，北京：世界圖書出版社，2001。

〔註3〕雖然對於夏的存在與否，學界仍有所爭議，未達成共識。但是處於夏紀年階段的遺址確然在各地區存在，而且多數不屬夏文化的分布範圍，有些文化或遺址從新石器時代晚期至夏紀年時期有著延續的發展，因此本文將新石器與夏紀年時期合併為一個時期進行討論，只為更客觀地反映各地區各文化中玉璧的發展脈絡。而對於這一階段的終年，則以「夏商周斷代工程」的研究成果為準，從商的始年為界進行劃分，即以1600B.C.夏終年為新石器時代至夏紀年時期絕對年代的終年。

新石器時代至夏紀年時期的區域概念，不僅是地理上的概念，還包括了考古學文化區系分布的地域概念。蘇秉琦將中國新石器時代至青銅時代的考古學文化分為六大區系，北方、中原、東方、東南、南方、西南〔註4〕。嚴文明將新石器時代的考古學文化分為燕遼、海岱、中原、江浙、兩湖、巴蜀系統，另外還有甘青和雁北等亞系統〔註5〕。近些年隨著各地考古工作的不斷開展，各區域的考古學文化序列陸續建立起來，以地域為分界的考古學文化討論如長江下游地區、黃河下游（海岱地區）地區、西北地區、晉西南地區等區域的討論更為普遍。

新石器時代玉文化分區研究，楊晶、任世楠、鄧淑蘋、楊建芳、劉莉、何宏波、牟永抗、郭大順等曾有不同的分區方式。楊晶將中國新石器時代玉器劃分為6個區域，北方、黃河中上游、海岱、長江中游、長江下游、華南等〔註6〕。黃翠梅將新石器時代玉文化劃分為7個區域系統：其中東北遼河系統和東南太湖系統為2個原生玉器文化系統，5個區域西北隴右、北方晉陝、東方海岱、江淮巢湖及江漢兩湖系統為次生玉器文化系統〔註7〕。楊伯達提出新石器時代玉文化板塊論，他根據玉文化的分布地域時間、玉礦資源的分布與民族史、古文獻記載結合將新石器時代玉文化發展分為前後兩個階段，前段有東夷、淮夷、東越3個玉文化板塊，後段有海岱玉文化東夷、陶寺玉文化華夏、石峁玉文化鬼國、齊家玉文化氐羌、石家河玉文化等5個亞板塊，前段玉板塊衰落之後，又發展出5大亞板塊〔註8〕。鄧淑蘋將中國新石器時代玉器分為三個大區，以紅山文化為主的北區、以良渚文化為代表的東南區，還有黃河中上游為主的華西區，與古史記載中的三大集團予以對應；而後隨著考古發現的增加，將這一分區進一步細化為七個區域〔註9〕。郭大順將新石器時代玉器分區與考古學文化分區進行了對應，認為可以分為東北區、以長江下游及山東

〔註4〕蘇秉琦，中國文明起源新探〔M〕，上海：生活・讀書・新知三聯書店，1999。

〔註5〕嚴文明，東方文明的搖籃農業發生與文明起源〔M〕，北京：科學出版社，2000。

〔註6〕楊晶，中國史前玉器概述〔J〕，華夏考古，1993（3）：88～93。

〔註7〕黃翠梅，中國新石器時代器文化譜系初探〔A〕，中國古代玉器與玉文化高級研究會論文〔C〕，2000。

〔註8〕楊伯達，中國史前玉文化板塊論〔A〕，巫玉之光——中國史前玉文化論考〔C〕，上海：上海古籍出版社，2005：71～86。

〔註9〕鄧淑蘋，「國立」故宮博物院藏新石器時代圖錄：綜述〔M〕，臺北：臺北故宮博物院，1992，鄧淑蘋，近二十年來新石器時代至夏代玉器研究的新進展〔A〕，中國古代玉器與玉文化高級研討會論文〔C〕，2000。

半島為代表的東南區、以中原，涵蓋西北地區的中原區〔註10〕。

　　學界對玉文化的分區主要是在考古學文化研究與古文獻記載爬梳基礎上的，閆亞林指出，新石器時代考古學文化發展進程與玉文化的發展並不完全吻合，不同的發展階段應有不同的分區〔註11〕。玉文化的形成與發展雖然受到地域、族屬、考古學文化、玉料分布等多方面的影響，但是玉器作為更高層次的文化載體在文化互動與傳承中的獨特地位與作用，也是意識形態的載體、精神文化的象徵，是一個人群宇宙觀、世界觀的體現。玉器、玉文化的發展不是簡單的吸收與接納，而是融合與相互影響，相互交流，吸納、融合，形成自身特色，再向外傳播，玉文化分區也就不能僅以單一的考古學文化或地域進行分區。

　　因此本書在新石器時代至夏紀年時期玉璧出土資料的闡述與梳理中，主要以地理環境分區為基礎，結合考古學文化分區，以時間為線索，以考古學文化為單位進行，以釐清各文化中玉璧的發現及分布情況。有些遺址尚在研究當中，未命名考古學文化，則單獨補充遺址出土玉璧的內容，以免有所遺漏。在進一步的分析研究中，將打破地域及考古學文化的框架，將這一時期出土玉璧視作一個整體來進行研究，以期得出更為詳實的研究成果。

第二節　新石器時代至夏紀年時期玉璧的發現與研究

一、東北北部地區

　　本書所述的東北北部地區主要包括黑龍江、吉林兩省（三江平原）、內蒙古東部地區。該地區發現了迄今最早的玉璧，並且是早期玉璧比較集中發現的區域。這一區域的文化序列尚未完全建立起來，有些出土玉器的遺址所做的考古工作有限，暫沒有歸入哪類考古學文化之中，因此對這一區域出土玉璧的遺址的梳理，以時代為線索，輔以考古學文化序列進行。

1. 小南山、新開流、左家山一期文化等為代表的遺存

　　東北北部地區早期玉璧的發現以黑龍江饒河小南山〔註12〕、白城雙塔

<hr />

〔註10〕郭大順，史前玉器分區研究的啟示〔A〕，陝西省考古研究所，中國史前考古學研究——祝賀石興邦考古半世紀暨八秩華誕文集〔C〕，西安：三秦出版社，2004：409～421。

〔註11〕閆亞林，西北地區史前玉器研究〔D〕，北京：北京大學，2010：4～7。

〔註12〕佳木斯市文物管理站，饒河縣文物管理所，黑龍江饒河縣小南山新石器時代墓葬〔J〕，考古，1996（3）：97～99，趙賓福，孫明明，杜戰偉，饒河小南山

〔註13〕、尚志亞布力遺址〔註14〕、慶安蓮花泡〔註15〕、延壽火燒嘴子山〔註16〕，吉林鎮賚聚寶山砂場〔註17〕等遺址為代表。對這一區域早期玉璧的認識，一般認為屬於左家山一期、新開流文化，與周邊區域的已知考古學文化，興隆窪文化、趙寶溝文化等進行對應，對時代的判斷多集中在距今 7500～7000 年〔註18〕。近些年對小南山遺址的再發掘，出土玉璧的墓葬年代可以早到 9000 年〔註19〕。吉林白塔一期遺存中出土 1 件透閃石小玉璧，絕對年代大約在 1 萬年前後〔註20〕。但是僅出土 1 件，而且遺址周邊地區也沒有同時期玉器的出土，因此最早的玉璧仍以小南山遺址為代表。據此推測這一區域的玉璧年代有可能應該更早一些。

墓葬出土玉器的年代和性質〔A〕，教育部人文社會科學重點研究基地，吉林大學邊疆考古研究中心，邊疆考古研究（第 13 輯），北京：科學出版社，2013：69～78，李有騫，黑龍江饒河小南山遺址〔EB／OL〕，〔2018-03-19〕，http://文博中國。

〔註13〕吉林大學邊疆考古研究中心，吉林省文物考古研究所，吉林白城雙塔遺址新石器時代遺存〔J〕，考古學報，2013（4）：501～538。

〔註14〕黑龍江省文物考古研究所，黑龍江尚志縣亞布力新石器時代遺址清理簡報〔J〕，北方文物，1988（1），劉國祥，黑龍江史前玉器研究〔J〕，中國歷史博物館館刊，2000（1）：72～96。

〔註15〕孫長慶，殷德明，千志耿，黑龍江新石器時代玉器研究——兼論黑龍江古代文明的起源〔C〕//考古學文化論集（第 4 輯），北京：文物出版社，1997，劉國祥，黑龍江史前玉器研究〔J〕，中國歷史博物館館刊，2000（1）：72～96。

〔註16〕劉國祥，黑龍江史前玉器研究〔J〕，中國歷史博物館館刊，2000（1）：72～96，康波，黑龍江出土史前玉器初步研究〔D〕，長春：吉林大學，2005：6。

〔註17〕吉林省博物館，吉林鎮賚縣聚寶山新石器時代遺址〔J〕，考古，1998（6）：39～41，46，李景冰，鎮賚聚寶山砂場遺址調查〔J〕，博物館研究，1993（1），劉國祥，吉林史前玉器試探〔J〕，北方文物，2001（4）：6～16，其中提到聚寶山遺址出土玉器中有玉環 2 件，玉璧 1 件。與遺址調查簡報中的數量有些出入。

〔註18〕劉國祥，黑龍江史前玉器研究〔J〕，中國歷史博物館館刊，2000（1），文章認為小南山玉器可能屬新開流文化，大體與興隆窪文化中晚期基本相當，大約在 7500 年前後。

〔註19〕趙賓福，孫明明，杜戰偉，饒河小南山墓葬出土玉器的年代和性質〔A〕，教育部人文社會科學重點研究基地，吉林大學邊疆考古研究中心，邊疆考古研究（第 13 輯），北京：科學出版社，2013：69～78，小南山出土的玉器可以分為兩類遺存，A 組玉器為新開流早期遺存，與興隆窪文化相當，為公元前 6000～5000 年；B 組玉器為新開流文化晚期遺存，與趙寶溝文化和紅山文化早期同時，為公元前 5000～4000 年。

〔註20〕吉林大學邊疆考古研究中心，吉林省文物考古研究所，吉林白城雙塔遺址新石器時代遺存〔J〕，考古學報，2013（4）：501～538。

2. 新開流上層、左家山三期文化等為代表

東北北部地區這一時期的玉璧發現比較零散，文化面貌也比較多樣，時代大致在距今 7000～5500 年前後。其中吉林長嶺腰井子遺址曾採集和出土玉璧 4 件，遺存的時代應該在距今 7000～6500 年〔註21〕。黑龍江雞西刀背山遺址採集到玉璧 2 件，與新開流上層遺存的文化屬性大致相當，距今約6000 年左右〔註22〕。黑龍江杜爾伯特蒙古族自治縣李家崗遺址在墓葬 M1 中出土玉器 6 件，皆為玉璧〔註23〕，遺址的年代為距今 5500 年〔註24〕前後或更早一些〔註25〕。吉林東西斷梁山遺址第二期遺存中出土玉璧，文化內涵與左家山遺址三期相近，年代為距今 5500 年左右〔註26〕。

3. 東翁根山等遺址為代表

黑龍江泰來東翁根山遺址採集玉璧 5 件〔註27〕，年代大體相當於紅山文化晚期，距今約 5000 年左右〔註28〕。黑龍江依安縣烏裕爾大橋遺址採集並出土玉璧，遺址中出土的壓製石鏃與石葉等器物與昂昂溪遺址的同類器物

〔註21〕 吉林省文物考古研究所等，吉林長嶺縣腰井子新石器時代遺址〔J〕，考古，1992（8）：673～688。

〔註22〕 武威克，等，黑龍江省刀背山新石器時代遺存〔J〕，北方文物，1987（3），劉國祥，黑龍江史前玉器研究〔J〕，中國歷史博物館館刊，2000（1）：72～96。

〔註23〕 杜爾伯特蒙古族自治縣博物館，黑龍江杜爾伯特李家崗新石器時代墓葬清理簡報〔J〕，北方文物，1991（2）：9～12，劉國祥，黑龍江史前玉器研究〔J〕，中國歷史博物館館刊，2000（1）：72～96，康波，黑龍江出土史前玉器初步研究〔D〕，長春：吉林大學，2005：6，劉國祥、康波文章中統計玉器有 7 件，其中 6 件玉璧，珠 1 件，與簡報中的統計有所出入，應是將簡報中的石骨朵改稱為珠。從骨朵的形製和尺寸看，底部直徑有 9.8 釐米，6.5 釐米高，不應稱為珠，可能簡報所稱骨朵更為合適。

〔註24〕 杜爾伯特蒙古族自治縣博物館，黑龍江杜爾伯特李家崗新石器時代墓葬清理簡報〔J〕，北方文物，1991（2）：9～12。

〔註25〕 劉國祥，黑龍江史前玉器研究〔J〕，中國歷史博物館館刊，2000（1）：72～96，文中認為李家崗遺址的時代應在距今 5500 年或略早。

〔註26〕 吉林省文物考古研究所，吉林東豐縣西斷梁山新石器時代遺址發掘〔J〕，考古，1991（4）：300～312，345，劉國祥，吉林史前玉器試探〔J〕，北方文物，2001（4）：6～16，考古簡報中將西斷梁山二期遺存定在距今約 5000 年左右，劉國祥後撰文分析將其年代定在 5500 年左右，本文取劉的觀點。

〔註27〕 孫長慶，殷德明，干志耿，黑龍江新石器時代玉器概論〔A〕，考古學文化論集（四）〔C〕，北京：文物出版社，1997：104～134。

〔註28〕 劉國祥，黑龍江史前玉器研究〔J〕，中國歷史博物館館刊，2000（1）：72～96。

相近，但出土的石器、玉器較多，其時代略晚；骨梗刀上的石刃同白城靶山墓地的同類器相像；因此遺址的時代約距今 4800 年左右〔註29〕。黑龍江依蘭倭肯哈達洞穴遺址發掘出土玉璧 4 件〔註30〕，玉器的形製及製作工藝與紅山文化差異較大，而與以大甸子墓地出土玉器較為相近，因此其年代也應該晚於紅山文化，而與夏家店下層文化相當，約在距今 4000 年前後〔註31〕。內蒙古科左中旗舍伯吐鎮哈民忙哈遺址的房址中共計出土玉璧 16 件〔註32〕，文化面貌與燕遼地區紅山文化晚期時代相近，距今 5500～4800 年。

另外還在黑龍江杜爾伯特蒙古族自治縣毛都西那屯遺址〔註33〕、九扇們村遺址〔註34〕、大山種羊廠遺址〔註35〕，齊齊哈爾市昂昂溪藤家崗子遺址〔註36〕、長壽湖遺址〔註37〕，吉林洮南鎮郊〔註38〕、通榆大崗〔註39〕、通榆張儉陀子〔註40〕等遺址都採集到玉璧。

4. 哈克文化諸遺址

哈克文化是分佈在內蒙古呼倫貝爾地區距今 6000～4000 年前後的新石器時代考古學文化。一般認為玉器主要發現於哈克文化晚期階段，大約 4000 年

〔註29〕 于鳳閣，依安縣烏裕爾河大橋新石器時代遺址調查〔J〕，黑龍江文物叢刊，1982（2），孫長慶，殷德明，干志耿，黑龍江新石器時代玉器概論〔A〕，考古學文化論集（四）〔C〕，北京：文物出版社，1997：104～134。

〔註30〕 李文信，依蘭倭肯哈達的洞穴〔J〕，考古學報，1954（7），周曉晶，倭肯哈達玉器及相關問題探析〔A〕//出土玉器鑒定與研究〔C〕，北京：紫禁城出版社，2001。

〔註31〕 劉國祥，黑龍江史前玉器研究〔J〕，中國歷史博物館館刊，2000（1），康波，黑龍江出土史前玉器初步研究〔D〕，長春：吉林大學，2005。

〔註32〕 吉平，鄧聰，哈民玉器研究〔M〕，北京：中華書局，2018。

〔註33〕 孫長慶，殷德明，干志耿，黑龍江新石器時代玉器概論〔A〕，考古學文化論集（四）〔C〕，北京：文物出版社，1997：104～134。

〔註34〕 孫長慶，殷德明，干志耿，黑龍江新石器時代玉器概論〔A〕，考古學文化論集（四）〔C〕，北京：文物出版社，1997：104～134。

〔註35〕 孫長慶，殷德明，干志耿，黑龍江新石器時代玉器概論〔A〕，考古學文化論集（四）〔C〕，北京：文物出版社，1997：104～134。

〔註36〕 馬利民，項守先，傅維光，黑龍江省齊齊哈爾市滕家崗子三座新石器時代墓葬的清理〔J〕，北方文物，2005（1）：1～4。

〔註37〕 孫長慶，殷德明，干志耿，黑龍江新石器時代玉器概論〔A〕，考古學文化論集（四）〔C〕，北京：文物出版社，1997：104～134。

〔註38〕 劉國祥，吉林史前玉器試探〔J〕，北方文物，2001（4）：6～16。

〔註39〕 劉國祥，吉林史前玉器試探〔J〕，北方文物，2001（4）：6～16。

〔註40〕 王國范，吉林通榆新石器時代遺址調查〔J〔，黑龍江文物叢刊，1984（4）。

前後。主要遺址有鄂溫克旗塔頭山南細石器遺址一號沙丘,海拉爾區哈克鄉團結村,陳巴爾虎旗東烏珠爾蘇木遺址等,其中哈克鄉團結村是目前發現玉器最多的一處。哈克遺址發現玉璧 3 件,烏珠爾蘇木遺址發現玉璧 1 件〔註41〕。

二、燕遼地區

燕遼地區大致包括了內蒙古西部地區的西遼河(西拉木倫河)流域,包括赤峰市、哲里木盟等,遼寧省西部地區及河北省的北部地區,是新石器時代到青銅時代考古學文化較為穩定的一個文化區域〔註42〕。這一區域的文化面貌相對比較清晰,文化序列也相對比較系統。

這一區域的文化序列大致為興隆窪文化(距今 8200～7400 年)、趙寶溝文化(距今 7200～6500 年)、紅山文化(距今 6500～5000 年)、小河沿文化(距今 5000～4000 年)、夏家店下層文化(距今 4000～3400 年)。這一區域所見玉璧將以考古學文化為基線進行介紹。興隆窪文化、趙寶溝文化中尚未發現玉璧,遼寧阜新查海遺址和北京平谷上宅遺址地層中各出土了 1 件石環,只是這 2 件環,尺寸比較小,1 件 1.2 釐米,另 1 件為 2.1 釐米,與珠可能更接近,無法歸入璧之屬,因此以下不做贅論。

1. 紅山文化

紅山文化學界主要有二期、三期和四期 3 種觀點〔註43〕,紅山文化玉器主要見於晚期文化遺存,3 種觀點中對於晚期遺存的認識基本一致,時代大致

〔註41〕 劉景芝,趙越,呼倫貝爾地區哈克文化玉器〔A〕,名家論玉(三)〔C〕,北京:科學出版社,2010:37～43。

〔註42〕 員雪梅,燕遼、海岱、中原地區新石器時代玉器研究〔D〕,北京:北京大學,2005:13。

〔註43〕 主要有以趙賓福為代表的早晚兩期說,早期為西水泉期,大致為距今 6500～5500 年;晚期為東山嘴期,年代大致為距今 5500～5000 年。以楊虎、張星德為代表的三期說,晚期為距今約 5500～5000 年。以索秀芬、朱延平為代表的四期說,第四期的時代大致為距今 5500～5000 年。趙賓福,東北石器時代考古〔M〕,長春:吉林大學出版社,2003,趙賓福,薛振華,遼寧朝陽小東山紅山文化遺存的分期研究〔J〕,東北史地,2011(6):18～26,楊虎,關於紅山文化的幾個問題〔A〕,北京大學考古系,慶祝蘇秉琦考古五十五週年論文集〔C〕,北京:文物出版社,1989,楊虎,遼西地區新石器——銅石並用時代考古學文化序列與分期〔J〕,文物,1994(5),張星德,紅山文化分期初探〔J〕,考古,1991(8),索秀芬,李少兵,紅山文化研究〔J〕,考古學報,2007(10):303～326。

在距今 5500～5000 年。據不完全統計，燕遼地區出土、採集及館藏的紅山文化玉器數量已經有 400 餘件，其中 220 餘件為發掘出土[註44]，出土玉璧的遺址點主要有牛河梁遺址諸地點[註45]、阜新胡頭溝墓葬群[註46]、敖漢旗草帽山遺址[註47]等。牛河梁遺址群是紅山文化出土玉器最多的、發現玉璧最多的遺址，其間各地點出土的璧超過 30 件[註48]。

此外還有一批各地徵集、採集的玉器，主要有遼寧阜新、朝陽市，內蒙古敖漢旗、巴林右旗等，其中玉璧大約有 10 餘件[註49]。

2. 小河沿文化

小河沿文化所處年代大約在距今 5000～4000 年。據不完全統計，小河沿文化出土的玉石器數量約有 200 餘件[註50]，其中玉石璧環 30 餘件。其中比較重要的玉出土玉璧地點有內蒙古敖漢旗石羊石虎山遺址[註51]、翁牛特旗大南溝墓地[註52]。另外內蒙古喀喇沁旗大牛群鄉[註53]、赤峰市松山區大廟鎮聖佛

〔註44〕員雪梅利用 2005 年之前的有效資料對燕遼地區紅山文化玉器進行統計，當時數量有 360 餘件，其中 140 餘件為發掘出土。周曉晶根據 2014 年之前的有效資料對紅山文化玉器重新進行統計，其中墓葬出土玉器有 188 件，另有遺址地層出土的玉器 35 件，新增加的出土玉器有 70 餘件，紅山文化的玉器總量應突破 400 件，大約 430、440 餘件。

〔註45〕遼寧省文物考古研究所，牛河梁紅山文化遺址發掘報告（1983～2003 年度）〔M〕，北京：文物出版社，2012，周曉晶，紅山文化玉器研究〔D〕，長春：吉林大學，2014：附表五。

〔註46〕方殿春，劉葆華，遼寧阜新縣胡頭溝紅山文化玉器墓的發現〔J〕，文物，1984（6）：1～5。

〔註47〕內蒙古敖漢旗博物館，敖漢文物精華〔M〕，呼和浩特：內蒙古文化出版社，2004：27～29，于建設，紅山玉器〔M〕，呼和浩特：遠方出版社，2004：59，68。

〔註48〕周曉晶，紅山文化玉器研究〔D〕，長春：吉林大學，2014：附表五。

〔註49〕根據員雪梅論文出土玉器統計表進行整理。

〔註50〕員雪梅，燕遼、海岱、中原地區新石器時代玉器研究〔D〕，北京：北京大學，2005：23～24。

〔註51〕內蒙古自治區昭烏達盟文物工作站，內蒙古昭烏達盟石羊石虎山新石器時代墓葬〔J〕，考古，1963（10）：523～525，楊福瑞，石羊石虎山遺址〔A〕，紅山諸文化研究概覽〔C〕，北京：中國文史出版社，2004：353～355，但是從簡報中的描述可以推測，其中有很大一部分為鐲，器物的剖面為半圓形，器形應該為窄條形器物。11 件器物中可稱為璧的應只有 1 件，器體扁平。

〔註52〕遼寧省文物考古研究所，赤峰市博物館，大南溝——後紅山文化墓地發掘報告〔M〕，北京：科學出版社，1998。

〔註53〕于建設，紅山玉器〔M〕，呼和浩特：遠方出版社，2004：62。

廟村〔註54〕、敖漢旗新惠鄉房申墓葬〔註55〕等也出土或徵集到零星的玉石璧。

3. 夏家店下層文化

夏家店下層文化遺存已發現數千處，經考古發掘的地點有 40 餘處，其絕對年代一般認為是距今 4000～3400 年前後，大部分已進入夏文化紀年範疇。該文化中出土玉璧的遺址主要是大甸子遺址〔註56〕，除此之外在二道井子〔註57〕、豐下〔註58〕等遺址也有零星的發現。

三、海岱地區

海岱地區即海岱文化區，是指以山東為中心的考古文化區〔註59〕。海岱地區的空間分布，不同時間段在分布範圍上存在一定差別，核心區大致以泰沂山系為中心，總體上呈逐漸擴大的趨勢，鼎盛時期包括山東全省、豫東、蘇皖兩省北部、冀東南以及遼東半島南部在內的廣大地區，或被稱為泰沂文化區〔註60〕。遼東地區一般單獨成區或歸入東北地區，也有學者認為該地區的龍山文化應歸入海岱文化系統〔註61〕。員雪梅認為遼東地區的玉器文化面貌與海岱核心區的玉器較為相似，將遼東半島的玉器歸入海岱地區玉器的關係中來〔註62〕。本書採

〔註54〕 于建設，紅山玉器〔M〕，呼和浩特：遠方出版社，2004：63。
〔註55〕 員雪梅，燕遼、海岱、中原地區新石器時代玉器研究〔D〕，北京：北京大學，2005：198，于建設，紅山玉器〔M〕，呼和浩特：遠方出版社，2004：63，64，71。
〔註56〕 中國社會科學院考古研究所，大甸子——夏家店下層文化遺址與墓地發掘報告〔M〕，北京：科學出版社，1996：169～170。
〔註57〕 內蒙古文物考古研究所，內蒙古赤峰市二道井子遺址的發掘〔J〕，考古，2010（8）：13～26。
〔註58〕 遼寧省文物幹部培訓班，遼寧北票縣豐下遺址 1972 年春發掘簡報〔J〕，1976（3）：197～210，從簡報材料中看，玉璧的直徑只有 2，5 釐米左右，與珠也比較接近。
〔註59〕 高廣仁，邵望平，中華文明發祥地之一——海岱歷史文化〔J〕，史前研究，1984（1），張學海，論四十年來山東先秦考古的基本收穫〔A〕，海岱考古（第 1輯）〔C〕，濟南：山東大學出版社，1989：325～343。
〔註60〕 欒豐實，海岱地區考古研究〔M〕，濟南：山東大學出版社，1997，員雪梅，燕遼、海岱、中原地區新石器時代玉器研究〔D〕，北京：北京大學，2005：13，鄭笑梅，論泰沂文化區〔A〕，海岱考古（第 1 輯）〔C〕，濟南：山東大學出版社，1989：344～350。
〔註61〕 王青，試論山東龍山文化郭家村類型〔J〕，考古，1995（1）：50～62。
〔註62〕 員雪梅，燕遼、海岱、中原地區新石器時代玉器研究〔D〕，北京：北京大學，2005。

納其研究成果，將其歸入海岱地區玉器系統。

海岱文化區新石器時代考古學文化序列和框架已基本建立。自早到晚依次為距今 8500～7500 前後的後李文化、距今 7500～6200 年的北辛文化、距今 7000～6000 年的小珠山下層文化、距今 6200～4600 年的大汶口文化、距今 6000～5000 年的小珠山中層文化、距今 5000～4000 年的小珠山上層文化、距今 4600～4000 年的龍山文化、距今 3900～3500 或 3300 年前後的岳石文化。後李文化雖然發現的數量少，但是已經有了玉器的蹤跡，後李文化晚期的濰坊前埠下遺址發現玉鑿、玉錛各 1 件，尚未發現玉璧〔註63〕。其後的北辛文化中玉器的數量略有增加，大汶口遺址北辛文化遺存中出土玉錛、玉鏟各 1 件〔註64〕；大伊山遺址兩次發掘，共出土玉器 8 件，其中綠松石飾 2 件、玉璜 4 件、玉玦 1 件、玉珠 1 件，仍未發現玉璧〔註65〕。海岱地區的玉璧出現於大汶口文化早期遺存中，江蘇邳縣劉林遺址墓葬中發現玉環。同一時期遼東半島小珠山文化中期遺存中也採集到玉牙璧，因此海岱地區的玉璧情況從大汶口文化開始介紹：

1. 大汶口文化及小珠山中層文化等同期文化遺存

大汶口文化大致可分早、中、晚三期〔註66〕，早期年代約距今 6200～5500 年，中期年代在距今 5500～5000 年，晚期年代約距今 5000～4600 年〔註67〕。小珠山中層文化時代在距今 6000～5000 年，與大汶口文化早中期相當。小珠山上層文化的時代距今 5000～4500 年〔註68〕，前段與大汶口文化晚期時代相當。

〔註63〕 山東省文物考古研究所，山東濰坊前埠下遺址考古發掘報告〔A〕，山東省高速公路考古報告集〔C〕，北京：科學出版社，2000。

〔註64〕 山東省文物管理處，濟南市博物館，大汶口——新石器時代墓葬發掘報告〔M〕，北京：文物出版社，1974，山東省文物考古研究所，大汶口文化續集——大汶口遺址第二、三次發掘報告〔M〕，北京：科學出版社，2007，山東省文物管理處，濟南市博物館，大汶口——新石器時代墓葬發掘報告〔M〕，北京：文物出版社，1974。

〔註65〕 連雲港市博物館，江蘇灌雲大伊山新石器時代遺址第一次發掘報告〔J〕，東南文化，1988（2）。

〔註66〕 關於大汶口文化分期的探討學術界有諸多觀點，本文採用欒豐實先生三期觀點。

〔註67〕 欒豐實，海岱地區考古研究：大汶口文化的分期與類型〔M〕，濟南：山東大學出版社，1997：46～51。

〔註68〕 屬小珠山上層文化後段的大連郭家村遺址上層 C14 測年數據為距今 4180±90 年，瓦房店三堂遺址二期文化與其文化面貌相當，因此小珠山上層文化前段的絕對年代應在距今 5000～4500 年前後。

　　大汶口文化中玉璧的發現相對比較普遍，是海岱地區玉璧最為流行的一個階段。大汶口文化早期階段玉璧數量尚少，中晚期無論是出土玉璧的遺址點還是玉璧的數量都有比較明顯的增加。玉璧主要見於大汶口遺址早、中晚期墓地〔註69〕、尼山遺址〔註70〕、劉林遺址〔註71〕、大墩子大汶口文化早中期墓葬〔註72〕、野店遺址大汶口文化早中期墓葬〔註73〕、王因遺址〔註74〕、新沂花廳遺址墓地〔註75〕、莒縣陵陽河遺址〔註76〕、章丘焦家遺址〔註77〕、膠縣三里河遺址〔註78〕、五蓮丹土遺址〔註79〕等。

　　另外遼東半島吳家村遺址〔註80〕、瓦房店市長興島三堂村遺址〔註81〕，

〔註69〕山東省文物考古研究所，大汶口續集——大汶口遺址第二、三次發掘報告〔M〕，濟南：山東大學出版社，1997，吳汝祚，試論大汶口文化的分期〔J〕，考古學報，1982（3）：261～281，山東省文物管理處，濟南市博物館，大汶口——新石器時代墓葬發掘報告〔M〕，北京：文物出版社，1974。

〔註70〕中國社會科學院考古研究所，曲阜縣文物管理委員會，山東曲阜考古調查試掘簡報〔J〕，考古，1965（12）：599～613。

〔註71〕江蘇文物工作隊，江蘇邳縣劉林新石器時代遺址第一次發掘〔J〕，考古學報，1962（1）：81～102，南京博物院，江蘇邳縣劉林新石器時代遺址第二次發掘〔J〕，考古學報，1965（2）：9～47。

〔註72〕南京博物院，江蘇邳縣四戶鎮大墩子遺址探掘報告〔J〕，考古學報，1964（2）：9～56，南京博物院，江蘇邳縣大墩子遺址第二次發掘〔A〕，中國社會科學院考古研究所，考古學集刊（第1輯）〔C〕，北京：中國社會科學出版社，1981：27～48。

〔註73〕山東省博物館，山東省文物考古研究所，鄒縣野店〔M〕，北京：文物出版社，1985。

〔註74〕中國社會科學院考古研究所，山東王因——新石器時代遺址發掘報告〔M〕，北京：科學出版社，2000。

〔註75〕南京博物院，花廳——新石器時代墓地發掘報告〔M〕，北京：文物出版社，2003。

〔註76〕山東省考古所，山東省博物館，莒縣文管所，山東莒縣陵陽河大汶口文化墓葬發掘簡報〔J〕，史前研究，1987（3）：

〔註77〕章丘市博物館，山東章丘市焦家遺址調查〔J〕，1998（6），山東大學考古學與博物館學系，濟南市章丘區城子崖遺址博物館，濟南市章丘區焦家新石器時代遺址〔J〕，考古，2018（7）：29～43。

〔註78〕中國社會科學院考古研究所，膠縣三里河〔M〕，北京：文物出版社，1988。

〔註79〕劉延常，五蓮縣丹土大汶口文化、龍山文化城址〔A〕，山東重大考古新發現（1990～2003）〔C〕，濟南：山東文化音像出版社，2004，楊波，山東五蓮縣丹土遺址出土的玉器〔J〕，故宮文物月刊（總158），1996：84～95，燕生東等，丹土兩城鎮玉器研究——兼論海岱地區史前玉器的幾個問題〔A〕，山東大學歷史系，東方考古〔C〕，北京：科學出版社，2006。

〔註80〕遼寧省博物館，旅順博物館，長海縣文化館，長海縣廣鹿島大長山島貝丘遺址〔J〕，考古學報，1981（1）：63～109。

〔註81〕遼寧省文物考古研究所，吉林大學考古學系，旅順博物館，遼寧省瓦房店市長興島三堂村新石器時代遺址〔J〕，考古，1992（2）：107～121，174。

大連文家屯遺址〔註82〕、東大山積石墓〔註83〕、四平山遺址〔註84〕都曾出土
或採集到玉璧，這些遺址皆屬於小珠山遺址中上層文化遺存。大連鞍子山積
石冢也曾出土玉璧，屬於小珠山上層（五期）文化遺存，距今約4500～4000
年。

　　玉璧的質地有既有透閃石玉，也有蛇紋石玉、綠松石等美石，另外還發現
有陶璧〔註85〕、蚌璧〔註86〕。

2. 龍山文化及小珠山上層文化等同期文化遺存

　　龍山文化的分布範圍主要在山東省境內，其南界可至淮海以北的蘇北和
皖北地區，東至海，北及遼東本島南部。遼東半島這一時期以小珠山上層文化
遺存為代表。出土並採集到玉璧的典型遺址有泗水尹家城〔註87〕、日照兩城鎮
〔註88〕、膠縣三里河〔註89〕、臨朐朱封〔註90〕、滕縣莊里西〔註91〕、安丘老峪

〔註82〕文家屯遺址也曾發現數件殘玉環，環面較窄，本文未歸入玉璧系列。
〔註83〕岡村秀典的論文曾有提及。岡村秀典著，姜寶蓮譯，中國史前時期玉器的生
　　　　產與流通〔J〕，考古與文物，1995（6）：78～87。
〔註84〕遺址出土玉器情況轉引自岡村秀典的論文。岡村秀典著，姜寶蓮譯，中國史
　　　　前時期玉器的生產與流通〔J〕，考古與文物，1995（6）：78～87。
〔註85〕遼寧省博物館，旅順博物館，大連市郭家村新石器時代遺址〔J〕，考古學報，
　　　　1984（3）：287～239，402～409。
〔註86〕昌濰地區文物管理組，諸城縣博物館，山東諸城呈子遺址發掘報告〔J〕，考
　　　　古學報，1980（3）：329～385。
〔註87〕山東大學歷史系考古專業教研室，泗水尹家城〔M〕，北京：文物出版社，
　　　　1990：77～78。
〔註88〕劉敦願，日照兩城鎮龍山文化遺址調查〔J〕，考古學報，1958（1），劉敦願，
　　　　記兩城鎮遺址發現的兩件石器〔J〕，考古，1972（4），日照市圖書館，臨沂
　　　　地區文管會，山東日照龍山文化遺址調查〔J〕，1986（8）：680～702，劉敦
　　　　願，有關日照兩城鎮玉坑玉器的資料〔J〕，考古，1988（2）：121～123，山
　　　　東大學考古學系，山東大學博物館，山東大學文物精品選〔M〕，濟南：齊魯
　　　　書社，2002，呂常凌，山東文物精粹〔M〕，濟南：山東美術出版社，1996，
　　　　員雪梅，燕遼、海岱、中原地區新石器時代玉器研究〔D〕，北京：北京大學，
　　　　2005。
〔註89〕中國社會科學院考古研究所，膠縣三里河〔M〕，北京：文物出版社，1988：
　　　　32。
〔註90〕山東省文物考古研究所，臨朐縣文物保管所，山東臨朐縣史前遺址普查簡報
　　　　〔A〕，張學海主編，海岱考古（第一輯）〔C〕，濟南：山東大學出版社，1989，
　　　　韓榕，臨朐縣朱封龍山文化墓葬出土玉器及相關問題〔A〕，鄧聰，東亞玉
　　　　器（Ⅰ）〔C〕，香港：中國考古藝術研究中心，1998：201～207。
〔註91〕中國社會科學院考古研究所山東隊，滕縣博物館，山東滕縣古遺址調查簡報
　　　　〔J〕，考古，1980（1）：32～44。

洞 1 件〔註92〕、桓臺前埠下〔註93〕、海陽縣司馬臺〔註94〕、諸城前寨〔註95〕等。

四、長江中游地區

　　長江流域大致可劃為西部高原區、中部中低山區和東部丘陵平原區，長江源頭至湖北省宜昌市為上游，宜昌市至江西九江市湖口一段為中游，湖口以下為下游。長江中游地區包括了有江漢平原、洞庭湖平原、漢水下游和鄂西等地區，核心區域是現今湖北省和湖南省的部分地區。這一區域的新石器時代考古學文化面貌比較明朗，江西萬年仙人洞、弔洞環遺址，湖南道縣玉蟾岩遺址是這一區域迄今發現最早的新石器時代遺址，距今約 12000～13000 年左右。其後距今 9000～7000 年的彭頭山文化、距今 8500～7000 年城背溪文化、距今 7000～6000 年的皂市下層文化、距今 7000～6500 年的湯家崗文化、距今 6000～5500 年的大溪文化、距今 5900～5100 年的油子嶺文化、距今 5100～4500 年的屈家嶺文化、距今 4500～4200 年的石家河文化、距今 4200～3800 年的後石家河文化。長江中游地區最早的玉器見於澧縣丁家崗遺址大溪文化一期墓葬中出土的 2 件玉璜〔註96〕，可確定的最早的玉璧〔註97〕見於大溪文化三期，之前的考古學文化遺存中並未發現玉璧，以下已時間為序以典型遺址為例進行介紹：

1. 大溪文化、油子嶺文化及其他年代相當的文化類型遺存

　　大溪文化大致可分為四期，第一期為距今 6300～6000 年左右，第二期為距今 6000～5600 年，第三期約為 5600～5400 年，第四期約為距今 5400～5200 年。

〔註92〕鄭岩，徐新華，山東安丘老峒峪遺址再調查〔J〕，考古，1992（9）：778～790，員雪梅，燕遼、海岱、中原地區新石器時代玉器研究〔D〕，北京：北京大學，2005。

〔註93〕山東文物事業管理局，山東文物精粹〔M〕，濟南：山東美術出版社，1996。

〔註94〕王洪明，山東省海陽縣史前遺址調查〔J〕，考古，1985（12）：1057～1067。

〔註95〕任日新，山東諸城前寨遺址調查〔J〕，文物，1974（1），黃翠梅，殷墟出土的有領玉環及其相關問題〔A〕，李永迪，紀念殷墟發掘八十週年學術研討會論文集〔C〕，臺北：「中央」研究院歷史語言研究所，2015：211～225。

〔註96〕何介鈞，等，澧縣東田丁家崗新石器時代遺址〔A〕，湖南省博物館，湖南考古輯刊（第 1 集）〔C〕，長沙：嶽麓書院，1982。

〔註97〕大溪遺址 1959 年發掘時墓葬 M6 中曾出土玉環 1 件，2004 年巫山縣人民醫院曾發掘出土玉環 2 件，但是由於資料尚未發布，雖可歸入大溪文化，但具體期別不明。蔡怡萱，長江中上游史前玉器的發現〔D〕，瀋陽：遼寧師範大學，2014：13～14。

　　大溪文化中的玉石器以璜、玦為主，玉璧出自大溪遺址晚期遺存中，數量較少。大溪遺址第三次發掘中出土玉璧 1 件〔註 98〕。三峽工程大壩區白獅灣遺址大溪文化三期的墓葬中出土 1 件玉璜，玉璜為半圓形璜，器物中央有綴補，且器物外緣磨薄，可能為玉璧殘件改制〔註 99〕。華容車軲山 M104 中也出土玉環 1 件〔註 100〕。

2. 屈家嶺文化時期

　　屈家嶺文化分布範圍遍及長江中游地區，絕對年代在距今 5300～4500 年〔註 101〕。屈家嶺文化時期仍有一定數量的玉器發現〔註 102〕，但是玉器的器形較小，多為璜、玦、佩飾等小型玉器。僅在城頭山遺址屈家嶺二期墓葬中出土玉環 1 件〔註 103〕。另外，還在河南淮濱縣沙冢遺址的屈家嶺晚期墓葬中出土 2 件小玉環〔註 104〕。

3. 石家河文化時期

　　石家河文化是長江中游地區繼屈家嶺文化後一支重要的考古學文化，之前發掘者將遺址的文化遺存分為早、中、晚三期遺存〔註 105〕，其後根據考古發掘資料及研究成果，將石家河文化晚期劃出石家河文化範疇，單獨命名為後石家河文化〔註 106〕。石家河文化中也有少量玉器出土，玉石璧環的數量更少。僅在羅家柏嶺遺址石家河早期遺存中發現 2 件玉環，但是從器物形製情況看，其中

〔註98〕四川省博物館，巫山大溪遺址第三次發掘〔J〕，考古學報，1981（4）：461～490。

〔註99〕湖北省文物考古研究所，長江三峽工程壩區白獅灣遺址發掘報告〔J〕，江漢考古，1999（1）：1～10。

〔註100〕楊伯達，中國玉器全集（Ⅰ）〔M〕，石家莊：河北美術出版社，1993：圖版八九，九〇。

〔註101〕單思偉屈家嶺文化研究〔D〕，武漢：武漢大學，2018：370～371。

〔註102〕據統計屈家嶺文化出土玉器的地點至少有 14 處，出土玉器約 54 件。蔡怡萱，長江中上游史前玉器的發現〔D〕，瀋陽：遼寧師範大學，2014：13～14。

〔註103〕湖南省文物考古研究所，澧縣城頭山——新石器時代遺址發掘報告〔M〕，北京：文物出版社，2007：597。

〔註104〕信陽地區文管會，淮濱縣文化館，河南淮濱發現新石器時代墓葬〔J〕，考古，1981（1）：1～4。

〔註105〕石河聯合考古隊，石河遺址群 1987 年考古發掘的主要收穫〔J〕，江漢考古，1989（2）：1～4，石河考古隊，湖北省石河遺址群 1987 年發掘簡報〔J〕，文物，1990（8）：98～101。

〔註106〕孟華平，長江中游史前文化結構〔M〕，武昌：長江文藝出版社，1997，王勁，後石家河文化定名的思考〔J〕，江漢考古，2007（1）：60～72。

1 件直徑僅 1 釐米，應為珠類器物。另外一件僅餘三分之一，器形似玉璧環，但是從殘留部分推斷，直徑應在 3 釐米左右〔註 107〕。房縣七里河遺址石家河文化二期遺存中出土石環 2 件、石璧 1 件，另還採集到玉石環 3 件〔註 108〕。鄖縣青龍泉遺址清理石家河文化時期墓葬 33 座，其中出土石環 1 件，佩戴於墓主人手臂，另外地層和灰坑中還發現石環 3 件〔註 109〕。

4. 後石家河文化時期

後石家河文化時期長江中游地區突然出土大量玉石器，這些玉器不僅數量較大，而且在器類及紋飾、琢刻技法等方面獨具特色，形成新石器時代末期一個用玉、製玉中心。後石家河文化時期的玉器經初步統計已超過 600 件，但是其中玉石璧環所佔比例較低，已發表的資料中僅有 3 處遺址發現玉璧環，共計 10 件，且分布較為分散，未集中在一個區域，分別為羅家柏嶺遺址〔註 110〕、棗林崗遺址〔註 111〕、孫家崗遺址〔註 112〕。

五、長江下游地區

長江下游地區是指長江干流位於江西省九江市的湖口以東至出海口所涉及的區域，主要包括了江蘇省、浙江省、安徽省、上海市及江西省東北部地區。長江下游地區根據地形地貌大致還可分為環太湖地區、寧紹、寧鎮和蘇皖平原三個小區塊。這一區域開展考古學研究的時間較長，文化序列已基本架構起來。依時代先後分別有距今 8000 年前後的跨湖橋文化，距今 7000～5600 年前後分布於寧紹平原一帶的河姆渡文化，距今 7000～6000 年前後分布於環太湖地區的

〔註 107〕 湖北省文物考古研究所，中國社會科學院考古研究所，湖北石家河羅家柏嶺新石器時代遺址〔J〕，考古學報，1994（2）：191～229。
〔註 108〕 湖北省文物考古研究所，房縣七里河〔M〕，北京：文物出版社，2008。
〔註 109〕 中國社會科學院考古研究所，青龍泉與大寺〔M〕，北京：科學出版社，1991。
〔註 110〕 湖北省文物考古研究所，中國社會科學院考古研究所，湖北石家河羅家柏嶺新石器時代遺址〔J〕，考古學報，1994（2）：191～229，簡報中曾提及還有 2 件殘玉環，從殘留的器物形製看，應為玉璜殘段。
〔註 111〕 湖北省荊州博物館，棗林崗與堆金臺——荊江大堤荊州馬山段考古發掘報告〔M〕，北京：科學出版社，1999。
〔註 112〕 湖南省文物考古研究所，澧縣文物管理處，澧縣孫家崗新石器時代墓群發掘簡報〔J〕，文物，2000（12）：35～42，62，趙亞峰，湖南澧縣孫家崗遺址 2017 年度田野發掘工作完工〔J〕，文物鑒定與鑒賞，2018（4）：65，湖南省文物考古研究所，澧縣文物管理處，湖南澧縣孫家崗遺址 2016 年發掘簡報〔J〕，江漢考古，2018（3）：15～40。

馬家浜文化、距今 6000～5100 年的崧澤文化，距今 5600～5300 年前後的凌家
灘文化、距今 5500～4600 年前後的薛家崗文化，距今 6000～4000 年前後分布
於寧鎮地區的北陰陽營文化，距今 5300～4300 年前後分布於環太湖流域的良渚
文化，距今 4200～4000 年的廣富林文化，距今 3900～3200 年的馬橋文化。

這一區域迄今最早的玉器發現於跨湖橋文化跨湖橋中，為 1 件璜形飾，尚
未發現玉璧環。其後的河姆渡文化、馬家浜文化、崧澤文化、薛家崗文化、北
陰陽營文化、凌家灘文化所處的新石器時代晚期階段，長江下游地區是我國新
石器時代玉石器發展中的重要階段，據不完全統計，已發現玉器 1600 餘件。
河姆渡、馬家浜文化中未發現玉璧，北陰陽營文化中曾發現玉環 17 件，其後
各文化中陸續有玉璧環的發現，良渚文化時達到鼎盛，之後的廣富林文化、馬
橋文化中也沒有發現玉璧，以下以時間為序做闡述：

1. 北陰陽營文化

主要見於北陰陽營遺址，遺址曾進行了 4 次發掘，清理墓葬 271 座，出土
玉石器 371 件，多見於墓葬中。據統計玉石器中有小玉環 17 件，形體較小，
皆小於 5 釐米〔註 113〕。

2. 崧澤文化

崧澤文化上承馬家浜文化，下啟良渚文化，在長江下游地區的玉石器發展
中具有承前啟後的作用。崧澤文化中玉器的數量相較前一時期有所增加，玉器的
主要種類仍以璜、玦、墜等主，在崧澤〔註 114〕、福泉山〔註 115〕、草鞋山〔註 116〕、

〔註 113〕 南京博物院，北陰陽營——新石器時代及商周時期遺址發掘報告〔M〕，北京：
文物出版社，1993，羅宗真，南京北陰陽營新石器時代遺址出土玉器的初步
研究〔A〕，鄧聰，東亞玉器（Ⅰ）〔C〕香港：中國考古藝術研究中心，1998：
228～240。

〔註 114〕 上海市文物管理委員會，崧澤——新石器時代遺址發掘報告〔M〕，北京：文
物出版社，1987，上海市文物管理委員會，1994～1995 年上海青浦崧澤遺址
的發掘〔A〕，上海博物館，上海博物館集刊（第 8 期）〔C〕，上海：上海書
畫出版社，2000，遺址中玉玦發現有 3 件，其中 1 件為璧形，直徑為 3，7 釐
米，光素，單面關注，打磨光潔，與玉璧的形製及製作工藝非常接近。所以
這件玉玦應也屬玉璧之屬。

〔註 115〕 上海市文物管理委員會，福泉山——新石器時代遺址發掘報告〔M〕，北京：
文物出版社，2000。

〔註 116〕 汪遵國，太湖流域史前玉文化歷程——蘇州草鞋山出土的玉器〔A〕，錢憲和，
海峽兩岸古玉學會議論文集〔C〕，臺北：臺灣大學理學院地質科學系，2001，
蘇州市工業園區管委會，蘇州文廣新局，草鞋山遺址考古與研究文集〔M〕，
蘇州：蘇州博物館，2017。

圩墩〔註117〕、營盤山遺址〔註118〕、南樓遺址〔註119〕、邱承墩遺址〔註120〕等多處遺址中零星發現玉璧。

另外浙江嘉興南河浜遺址中出土的 1 件玉鐲，經綴補，外緣磨薄，斷面為楔形，可歸入璧類〔註121〕。江蘇丹徒磨盤墩遺址崧澤文化中晚期的文化層中出土玉系璧 4 件，系璧的體量比較小，更傾向於管珠〔註122〕。句容丁沙地遺址地層中出土 1 件綠松石環，直徑僅 1 釐米，也傾向於管珠〔註123〕。

3. 凌家灘文化

凌家灘文化以凌家灘遺址為代表，遺址中出土玉石器共計 800 餘件〔註124〕，地層明確、數量巨大、組合完整、種類多樣，是 5500 年前後玉石器文化的代表遺址。據統計，其中有玉璧近 130 件〔註125〕。玉璧體型較小，多在 5 釐米左右。

4. 薛家崗文化

薛家崗文化中如薛家崗遺址、望江汪洋廟等幾個遺址曾出土玉環，但是經核實，玉環多為窄條狀，截面多為方形或圓形，多不屬於璧的範疇。其中也有個別與璧形製相近，可歸為璧。薛家崗遺址三期遺存中出土玉環 18 件，大部分不屬於璧，已發表的資料中有 1 件玉環，扁平圓形，外緣磨薄，斷面為楔

〔註117〕常州市博物館，1985 年江蘇常州圩墩遺址的發掘〔J〕，考古學報，2001（1）：73～110。

〔註118〕其中尚有 1 件為玉環，環面較窄，似鐲，本文中未將其歸入璧類。鄒厚本，江蘇考古五十年：江蘇史前玉器〔M〕，南京：南京出版社，2000：108～116。

〔註119〕江蘇江陰南樓遺址聯合考古隊，江蘇江陰南樓新石器時代遺址發掘簡報〔J〕，文物，2007（7）：4～19。

〔註120〕江蘇省考古研究所，無錫市錫山區文物管理委員會，江蘇無錫鴻山邱承墩新石器時代遺址發掘簡報〔J〕，文物，2009（11）：4～21。

〔註121〕浙江省文物考古研究所，南河浜——崧澤文化遺址發掘報告〔M〕，北京：文物出版社，2005。

〔註122〕鄒厚本，江蘇考古五十年：江蘇史前玉器〔M〕，南京：南京出版社，2000：108～116。

〔註123〕吳榮清，江蘇句容丁沙地遺址試掘鑽探簡報〔J〕，東南文化，1990（1～2）：241～254。

〔註124〕安徽省文物考古研究所，凌家灘田野考古發掘報告之一〔M〕，北京：文物出版社，2006。

〔註125〕杜佳佳，凌家灘玉器的考古學研究〔D〕，南京：南京師範大學，2011：6。

形，且經過綴補，與大汶口中晚期時期玉璧環形製相近。另還在地層中出土小玉璧 1 件，直徑小於 5 釐米〔註 126〕。

5. 良渚文化

良渚文化不僅是長江下游地區新石器時代玉器發現最為集中、製作最為精細、使用最為系統的文化遺存，而且也是我國新石器時代玉器、玉文化發展的典型文化之一，是我國玉文化代表。良渚文化出土的玉石器據不完全統計已有過萬件，主要集中出自環太湖地區。良渚文化大致可分早、中、晚三期。早期遺存以趙陵山、張陵山遺址上層為代表；中期遺存以反山、瑤山遺址為代表；晚期遺存以草鞋山、寺墩遺址為代表〔註 127〕。早期玉器數量已開始增加，中晚期出土更為集中，發現玉器數量為前一階段的數倍。玉璧是良渚文化中數量最多的玉器大型玉器，良渚文化出土玉璧數量是新石器時代各區域考古學文化中最多的。玉璧 1973 年首次發現於吳縣草鞋山遺址良渚文化中期墓葬中，其後陸續在長江下游地區發現大量良渚文化玉璧，另外在安徽也有一些發現。據不完全統計，出土玉璧的遺址點已超過 20 處，主要有江蘇吳縣張陵山〔註 128〕、草鞋山〔註 129〕、武進寺墩〔註 130〕、少卿山〔註 131〕、無錫邱承墩〔註 132〕，上海青浦福泉山〔註 133〕、

〔註 126〕 安徽省文物工作隊，潛山薛家崗新石器時代遺址〔J〕，考古學報，1982（3）：283～324，田名利，略論皖西南地區的新石器時代玉器〔J〕，江漢考古，2002（1）：58～66。

〔註 127〕 秦嶺，良渚文化的研究現狀及相關問題〔A〕，北京大學考古文博學院，北京大學中國考古學研究中心，考古學研究（十）〔C〕，北京：科學出版社，77～100。

〔註 128〕 南京博物院，江蘇吳縣張陵山發掘簡報〔A〕，文物編輯委員會，文物資料叢刊（第 6 輯）〔C〕，北京：文物出版社，1982。

〔註 129〕 南京博物館，江蘇吳縣草鞋山遺址〔J〕，文物資料叢刊，1980（3）。

〔註 130〕 南京博物院，江蘇武進寺墩遺址的試掘〔J〕，考古，1981（3）：193～200，南京博物院，1982 年江蘇常州武進寺墩遺址的發掘〔J〕，考古，1984（2）：109～129，常州市博物館，江蘇武進寺墩遺址的新石器時代遺物〔J〕，文物，1984（2）：17～22，5，99。

〔註 131〕 蘇州博物館，崑山縣文管會，江蘇崑山市少卿山遺址的發掘〔J〕，考古，2000（4）。

〔註 132〕 南京博物館，等，江蘇無錫邱承墩新石器時代遺址發掘簡報〔J〕，文物，2009（11），南京博物院，等，邱承墩——太湖西北部新石器時代遺址發掘報告〔M〕，北京：科學出版社，2010，玉璧的數量不少於 20 件。

〔註 133〕 上海市文物保管委員會，上海福泉山良渚文化墓葬〔J〕，文物，1984（2）：1～5，上海市文物保管委員會，上海青浦福泉山良渚文化墓地〔J〕，文物，1986（10）：1～25。

金山亭林〔註134〕，浙江餘杭反山〔註135〕、匯觀山〔註136〕、吳家埠〔註137〕、廟前〔註138〕、海寧荷葉地〔註139〕、桐鄉新地里〔註140〕、臨平玉架山〔註141〕、桐廬小青龍〔註142〕等遺址。反山遺址是良渚文化玉璧出土最多的遺址。但是另一處良渚文化的重要遺址——瑤山遺址清理祭祀遺跡及墓葬 13 座，出土玉器 679 件組〔註143〕，卻並未發現玉璧。

六、中原地區（黃河中游地區）

中原地區（黃河中游地區）是以渭水流域的晉陝豫三省交界地區為中心的陝西關中地區、山西南部地區、河北南部地區及河南地區。這一區域包括了傳統意義中的中原及其周邊地區，這一區域是古史傳說中黃帝、炎帝、堯舜禹為代表的部落活動的區域，並繼而發展形成華夏民族，是新石器時代至歷史各時期華夏民族活動的核心區域。

中原地區（黃河中游地區）新石器時代考古學文化序列和框架是最早確立及進行深入研究的。自早到晚依次為距今 8500～7500 前後的後李文化、

〔註134〕孫維昌，上海市金山縣查山和亭林遺址試掘〔J〕，南方文物，1997（3）：3～23，上海博物館考古研究部，上海金山區亭林遺址 1988、1990 年良渚文化墓葬的發掘〔J〕，考古，2002（10）：49～63。

〔註135〕蔣衛東，試論良渚文化玉璧〔A〕，浙江省文物考古研究所，浙江省文物考古研究所學刊〔C〕，北京：長征出版社，1997：227～237，浙江省文物考古研究所，南京博物院，上海博物館，良渚考古八十年〔M〕，北京：文物出版社，2016：91～99。

〔註136〕浙江省文物考古研究所，餘杭市文物管理委員會，這件餘杭匯觀山良渚文化祭壇與墓地發掘簡報〔J〕，文物，1997（7）：4～19。

〔註137〕浙江省文物考古研究所，餘杭吳家埠新石器時代遺址〔A〕，浙江省文物考古研究所，浙江省文物考古研究所學刊〔C〕，北京：科學出版社，1993。

〔註138〕浙江省文物考古研究所，廟前〔M〕，北京：文物出版社，2005。

〔註139〕劉斌，海寧荷葉地良渚文化遺址〔A〕，中國考古學年鑒（1989）〔C〕，北京：文物出版社，1990。

〔註140〕浙江省文物考古研究所，桐鄉市文物管理委員會，新地里〔M〕，北京：文物出版社，2006。

〔註141〕錢姝潔，玉架山遺址考古發掘出土刻符大玉璧〔A〕，餘杭年鑒 2009〔C〕，杭州：方志出版社，2009，浙江省文物考古研究所，南京博物院，上海博物館，良渚考古八十年〔M〕，北京：文物出版社，2016：212～223。

〔註142〕浙江省文物考古研究所，桐廬博物館，這件桐廬小青龍新石器時代遺址發掘簡報〔J〕，文物，2013（11）：4～15。

〔註143〕浙江省文物考古研究所，南京博物院，上海博物館，良渚考古八十年〔M〕，北京：文物出版社，2016：100～106。

距今 7500～6200 年的北辛文化、距今 8000～7000 年以裴李崗、磁山、老官臺文化為代表的前仰韶文化、距今 7000～4800 年前後的仰韶文化、距今 4700～4300 年的廟底溝二期文化、距今 4300～3900 年的龍山文化〔註 144〕、距今 3800～3500 前後的二里頭文化。前仰韶文化中多出土一些小型的墜飾、綠松石飾，尚未發現玉璧的蹤跡。因此黃河下游地區的玉璧情況主要從仰韶文化開始：

1. 中原核心地區

中原核心地區主要包括河南地區。

（1）前仰韶文化時期

中原地區在在裴李崗、磁山文化的遺址中零星有小型墜飾出土，一個遺址僅有數件，還有一點綠松石墜飾的發現。前仰韶文化時期僅在賈湖遺址發現璧環，其中有石方璧 1 件，石環 3 件。

（2）仰韶文化時期

中原地區的仰韶文化大致可分為早、中、晚三個時期，早期主要是半坡類型、王灣一期、後崗一期及其他年代相當的文化類型或遺存為代表，距今 7000～6000 年；中期主要以廟底溝類型、大河村等文化遺存為代表，距今 6000～5000 年；晚期以半坡晚期類型、西王村、秦王寨等文化遺存為代表，距今 5000～4700。

中原地區的仰韶文化早期文化遺存中尚未發現石璧環，仰韶文化中期遺存中零星有石環的發現，主要遺址有洛陽銼李遺址〔註 145〕、滎陽點軍臺遺址〔註 146〕、汝州中山寨遺址〔註 147〕、南召二郎崗遺址〔註 148〕、靈寶西坡遺址〔註 149〕。

〔註 144〕廟底溝二期文化的歸屬學術界有所爭議，有的認為其應該獨立與龍山文化，可單獨命名為廟底溝二期文化，也有學者將廟底溝二期與龍山文化時期統稱為龍山文化，廟底溝二期遺存屬龍山文化早期，傳統意義上的龍山文化遺存屬龍山文化晚期。屬劃分方式的區別，廟底溝二期文化與龍山文化的內涵不變。

〔註 145〕洛陽博物館，洛陽銼李遺址試掘簡報〔J〕，考古，1978（1）：5～17。

〔註 146〕鄭州市博物館，滎陽點軍臺遺址 1980 年發掘報告〔J〕，中原文物，1982（4）：1～21。

〔註 147〕中國社會科學院考古研究所河南一隊，河南汝州中山寨遺址〔J〕，考古學報，1991（1）：57～89。

〔註 148〕河南省文化局文物工作隊，河南南召二郎崗新石器時代遺址〔J〕，文物，1959（7）：55～59。

〔註 149〕中國社會科學院考古研究所，河南省文物考古研究所，靈寶西坡墓地〔M〕，北京：文物出版社，2010。

仰韶晚期出土玉石璧的遺存有滎陽青檯子〔註 150〕、大河村遺址第三期文化〔註 151〕、濟源長泉〔註 152〕及靈寶西坡等遺址〔註 153〕。

（3）廟底溝二期文化時期

仰韶晚期文化遺存以廟底溝二期、大河村五期等文化遺存為代表。中原地區這一時期玉石璧的主要發現有孟津妯娌遺址〔註 154〕、禹縣穀水河遺址〔註 155〕、陝縣廟底溝遺址〔註 156〕、洛陽澗濱西乾溝遺址〔註 157〕、鄭州大河村遺址第四期遺存〔註 158〕等。

（4）龍山文化時期

中原龍山文化時期以王灣三期、造律臺類型、後崗二期等文化類型與遺存為代表。出土玉石璧的主要遺址有禹州瓦店遺址甕棺墓 W1〔註 159〕、澠池仰韶〔註 160〕、洛陽鉏李〔註 161〕、王灣、澗濱西乾溝、東乾溝、臨汝大張、滎陽點軍臺、滎陽站馬屯、湯陰白營、安陽後崗、安陽大寒村等遺址。

（5）二里頭文化時期

二里頭文化其分布區域包括河南的鄭洛地區、山西的晉南地區，西部可達陝西關中東部，南部能及豫鄂交界地區（淮河以北）。二里頭文化的中心分布

〔註 150〕員雪梅，燕遼、海岱、中原地區新石器時代玉器研究〔D〕，北京：北京大學，2005：40。

〔註 151〕鄭州市文物考古研究所，鄭州大河村〔M〕，北京：科學出版社，2001。

〔註 152〕河南省文物管理局，河南省文物考古研究所，黃河小浪底考古報告（一）〔M〕，鄭州：中州古籍出版社，1999。

〔註 153〕中國社會科學院考古研究所，河南省考古研究院，靈寶西坡墓地〔M〕，北京：文物出版社，2010。

〔註 154〕河南省文物管理局，水利部小浪底水利樞紐建設管理局移民局，黃河小浪底水庫文物考古報告集〔M〕，鄭州：黃河水利出版社，1998：23～25。

〔註 155〕劉式今，河南省禹縣穀水河遺址發掘簡報〔J〕，河南文博通訊，1977（2）：44～56。

〔註 156〕中國科學院考古研究所，廟底溝與三里橋〔J〕，北京：科學出版社，1959。

〔註 157〕中國社會科學院考古研究所，洛陽發掘報告——1955～1960 年洛陽澗濱考古發掘資料〔J〕，北京：燕山出版社，1989。

〔註 158〕鄭州文物考古研究所，鄭州大河村〔M〕，北京：科學出版社，2001。

〔註 159〕河南省文物考古研究所，禹州瓦店〔M〕，北京：世界圖書出版社北京分公司，2004。

〔註 160〕河南省文物研究所，澠池仰韶村 1980～1981 年發掘報告〔J〕，史前研究，1985（3）：38～58。

〔註 161〕洛陽博物館，洛陽鉏李遺址試掘簡報〔J〕，考古，1978（1）：5～17。

區為鄭洛地區〔註162〕。二里頭文化是夏紀年時期的代表文化，文化遺存大致可分為四期，發掘者認為二里頭文化一期遺存並非最早期的夏文化，而是屬於夏文化的中晚期，三、四期遺存之間為夏商文化的分界，並將「新砦期」遺存補充作為夏文化的早期遺存〔註163〕。

二里頭文化時期出土玉器的地點大約有 10 餘處，玉器 600 餘件組，二里頭遺址發現玉器占到其中的絕大多數，可以說在二里頭文化中心地區，玉器主要出自二里頭遺址中〔註164〕。玉璧的數量極少，據已發表資料，共發現 2 件。大河村遺址二里頭文化三期遺存中曾出土 1 件殘玉環，環面較窄，不屬於璧類〔註165〕。下王崗遺址二里頭文化一期遺存中出土玉璧 1 件，二里頭三期遺存中出土殘玉環 1 件〔註166〕。

2. 陝西地區

陝西依據地形及地域情況，可分為陝北地區、關中地區、陝南地區。陝南地區與巴蜀相接，受其影響較大，但其文化面貌基本與關中地區比較相近，在新石器時代至夏紀年時期大致屬於同一個文化區域。陝北地區的文化面貌受北方地區文化影響，與晉北、內蒙古中部等地區的文化面貌相近，其玉文化更是自成一系，但是由於對陝北地區文化的研究尚在進行中，此處暫將其歸入陝西地區來統一闡述。

（1）仰韶文化時期

陝西地區的仰韶文化仍分為早、中、晚三個時期，早期主要是半坡類型、史家類型為代表，距今 7000～6000 年；中期主要以廟底溝類型文化遺存為代表，距今 6000～5000 年；晚期以半坡晚期類型等文化遺存為代表，距今 5000

〔註162〕周宇傑，夏代玉器的初步研究〔D〕，瀋陽：遼寧師範大學，2014：10，據文中統計，經考古發掘的二里頭文化遺址大約有約 50 處，位於河南境內的有 42 處。

〔註163〕中國社會科學院考古研究所，偃師二里頭——1959～1978 年考古發掘報告〔M〕，北京：中國大百科全書出版社，1999，中國社會科學院，二里頭（1999～2006）〔M〕，北京：文物出版社，2014。

〔註164〕據統計，二里頭遺址出土玉器約 600 餘件組，在二里頭文化出土玉器中占比超過90%。郝炎峰，二里頭文化玉器的考古學研究〔D〕，北京：中國社會科學院研究生院，2005。

〔註165〕鄭州市文物考古研究所，鄭州大河村（上）〔M〕，北京：科學出版社，2001：550～551。

〔註166〕河南省文物研究所，長江流域規劃辦公室考古隊河南分隊，淅川下王崗〔M〕，北京：文物出版社，1989。

～4700。仰韶文化中已經出現石璧環，但是數量比較少。

　　仰韶文化早期文化遺存漢陰阮家壩〔註167〕、西鄉何家灣〔註168〕、漢中龍崗寺〔註169〕、馬家營〔註170〕等遺址，仰韶文化中期文化遺存中寶雞福臨堡〔註171〕、案板遺址第一期遺存〔註172〕、高陵楊官寨〔註173〕、西鄉何家灣〔註174〕等遺址，仰韶文化晚期文化遺存中寶雞福臨堡〔註175〕，臨潼姜寨〔註176〕，案板〔註177〕等遺址中都曾發現石璧環。

（2）廟底溝二期文化時期

　　廟底溝二期文化時期陝西地區的文化遺存主要以案板三期文化為代表。這一時期石環發現較少，僅在武功滸西莊遺址出土了4件石環〔註178〕。

（3）龍山文化時期及夏紀年時期

　　陝西地區這一時期的玉璧主要見於陝北與陝南地區。陝北地區的玉石器最主要的出土地點為榆林地區的神木石峁遺址〔註179〕和延安地區的蘆山峁遺

〔註167〕陝西省考古研究所，陝西省安康水電站庫區考古隊，陝南考古報告集〔C〕，西安：三秦出版社，1994：205～230。

〔註168〕陝西省考古研究所，陝西省安康水電站庫區考古隊，陝南考古報告集：何家灣（二）〔M〕，西安：三秦出版社，1994：54～145。

〔註169〕陝西省考古研究所，龍崗寺——新石器時代遺址發掘報告〔M〕，北京：文物出版社，1990。

〔註170〕陝西省考古研究所，陝西省安康水電站庫區考古隊，陝南考古報告集：阮家壩（三）〔M〕，西安：三秦出版社，1994：285～324。

〔註171〕寶雞市考古工作隊，陝西省考古研究所寶雞工作站，寶雞福臨堡——新石器時代遺址發掘報告〔M〕，北京：文物出版社，1993。

〔註172〕寶雞市考古工作隊，陝西扶風案板遺址（下河區）發掘簡報〔J〕，考古與文物，2003（5）：3～14，簡報中並沒有說明詳細數量，只是說明石環數量較少，石璧出土較多。

〔註173〕王煒林，廟底溝文化與璧的起源〔J〕，考古與文物，2015（6）：30～34。

〔註174〕陝西省考古研究所，陝西省安康水電站庫區考古隊，陝南考古報告集：何家灣（二）〔M〕，西安：三秦出版社，1994：54～145。

〔註175〕寶雞市考古工作隊，陝西省考古研究所寶雞工作站，寶雞福臨堡——新石器時代遺址發掘報告〔M〕，北京：文物出版社，1993。

〔註176〕半坡博物館，陝西省考古研究所，臨潼縣博物館，姜寨——新石器時代遺址發掘報告〔M〕，北京：文物出版社，1988。

〔註177〕寶雞市考古工作隊，陝西扶風案板遺址（下河區）發掘簡報〔J〕，考古與文物，2003（5）：3～14。

〔註178〕中國科學院考古研究所，武功發掘報告——滸西莊和趙家來遺址〔M〕，北京：文物出版社，1988。

〔註179〕唐博豪，石峁流散文物調查報告〔D〕，西安：西北大學，2012。

址〔註180〕。這兩個地點所處的陝北地區不屬於中原文化圈，石峁遺址歷經數年的發掘，文化遺存面貌已經基本清晰，時代跨越龍山文化晚期至夏紀年時期。蘆山峁遺址發掘時間有限，文化面貌尚不明晰，但基本也屬於這一時期。這一階段陝西發現的玉石璧環數量陡增，而且璧環的質地透閃石玉料的比例較大，但是其中的採集、徵集品居多。延安和榆林地區的玉璧數量最多，分布也最為廣泛，幾乎遍布各個區縣。甘泉、黃龍、安塞、宜川、延長縣，米脂、定邊、吳堡、橫山、綏德、府谷等縣〔註181〕。

另外一處重要的地點為渭水和丹江上游地區以石璧為代表的老牛坡〔註182〕、東龍山遺址〔註183〕，時代大致在夏紀年時期。

3. 晉西南地區

山西地區出土玉器的主要地區為晉西南地區，其他區域所見甚少，近些年來僅在晉西地區的晉陝交界區域的興縣碧村遺址周邊出土與採集到一些玉器。山西地區的玉石璧環出現的時間較晚，而且數量較少，仰韶文化廟底溝類型中晚期遺存中曾出土有石環，廟底溝二期晚段玉璧環才有一定數量的發現，而且玉璧環的比例較高。晉東南地區也一直有少量石璧環的發現。現以晉西南地區為主，附以晉東南、晉西地區的資料來介紹此區域的玉石璧環。

（1）仰韶文化時期

這一時期以玉石璧環較為多見。仰韶文化中期垣曲東關遺址三期遺存，也即廟底溝類型中晚期遺存中出土殘石環 2 件；屬於仰韶文化晚期的東關四期遺存中曾出土殘石環 4 件〔註184〕。

〔註180〕陝西省考古研究院，等，陝西延安市蘆山峁新石器時代遺址〔J〕，考古，2019（7）：29～45。
〔註181〕楊岐黃，文物陝西：玉石器、寶石卷（上）〔M〕，西安：陝西師範大學出版社，2019。
〔註182〕劉士莪，老牛坡——西北大學考古專業田野發掘報告〔M〕，西安：陝西人民出版社，2002，楊岐黃，陝西夏商玉器的考古發現〔A〕，西北大學文化遺產學院，西部考古（第五輯），西安：三秦出版社，2010。
〔註183〕楊亞長，陝西夏代玉器的發現與初步研究〔A〕，錢憲和，海峽兩岸古玉學會會議論文集〔C〕，臺北：臺灣大學地質系，2001：679～688，楊岐黃，陝西夏商玉器的考古發現〔A〕，西北大學文化遺產學院，西部考古（第五輯），西安：三秦出版社，2010，陝西省考古研究院，商洛市博物館，商洛東龍山〔M〕，北京：科學出版社，2011，方嚮明，周曉晶，中國玉器通史：新石器時代北方卷〔M〕，深圳：海天出版社，2014：233～240。
〔註184〕中國歷史博物館考古部，山西省考古研究所，垣曲縣博物館，垣曲古城東關

（2）廟底溝二期

學界對晉西南地區廟底溝二期文化的界定。1978 年社科院考古所對襄汾陶寺遺址進行了發掘，並將遺存分為早晚兩期。發掘者認為其時間上與廟底溝二期文化大致同時，報告將早晚兩期遺存一同「視為黃河中游龍山文化另一新類型」。有些學者認為陶寺早期遺存是從廟底溝二期文化演化而來，承襲關係清楚。1983～1984 年的發掘中還發現廟底溝二期文化遺存，因此發掘者提出陶寺遺存是一體連續發展的，且陶寺早期與廟底溝二期文化晚期有直接承繼關係。2004 年現陶寺遺址發掘主持者認為陶寺早期遺存與廟底溝二期晚期遺存在並行關係，承繼說需重新審視。與此同時，有的學者認為雖然陶寺早期遺存有一些自身特色，且其文化發展水平也呈現出高於周邊文化的態勢，但仍具備廟底溝二期文化的基本特徵，應為廟底溝二期文化〔註 185〕。晉西南地區的廟底溝二期文化遺存原先以陶寺遺址早期遺存為代表，但根據近些年遺址所做的碳 14 測年成果看，陶寺遺址文化遺存年代範圍大致在公元前 2300～2100 年之間〔註 186〕，落入了龍山文化時期。下靳墓地的時代與陶寺遺址早期文化遺存相當，也應歸入龍山時期。清涼寺墓地可分為四期，一期屬於仰韶文化早期，後三期文化遺存的絕對年代在公元前 2470～公元前 1800 年間，二期的年代範圍屬於廟底溝二期文化晚期階段，三、四期屬龍山文化時期〔註 187〕。

廟底溝二期文化時期出土玉石璧環主要見清涼寺墓地二期墓葬中〔註 188〕。

〔M〕，北京：科學出版社，2001。

〔註 185〕 高天麟，張岱海，高煒，龍山文化陶寺類型的年代與分期〔J〕，史前研究，1984（3），高天麟，關於廟底溝二期文化及其相關的幾個問題——兼與卜工同志商榷〔J〕，文物，1992（3），何駑，陶寺文化譜系研究綜論〔A〕，北京大學古代文明研究中心，古代文明（第 3 卷）〔C〕，北京：文物出版社，2004：66～70，卜工，廟底溝二期文化的幾個問題〔J〕，文物，1990（2），羅新，田建文，陶寺文化再研究〔J〕，中原文物，1991（2），羅新，田建文，廟底溝二期文化研究〔J〕，文物季刊，1994（2），張素琳，試論垣曲古城東關廟底溝二期文化遺存〔J〕，文物季刊，1995（4）。

〔註 186〕 中國社會科學院，山西省臨汾市文物局，襄汾陶寺——1978～1985 年發掘報告〔M〕，北京：文物出版社，2015。

〔註 187〕 山西省考古研究所，運城市文物工作站，芮城縣旅遊文物局，清涼寺史前墓地（中）〔M〕，北京：文物出版社，2016：355～360。

〔註 188〕 李百勤，張惠祥，坡頭玉器〔J〕，文物世界，2003（增刊），收錄藏於運城市鹽湖博物館的清涼寺玉器 83 件。其中有璧 69 件，一半以上為典型璧，中孔較小，而且器物比較厚重，另有環 5 件，琮 2 件，殘牙璧 1 件，管 1 件，鉞 5 件。山西省考古研究所，運城市文物工作站，芮城縣旅遊文物局，清涼寺史前墓地〔M〕，北京：文物出版社，2016。

另外晉東南地區垣曲古城東關〔註189〕、垣曲豐村〔註190〕、侯馬東呈王、東陽呈等遺址有一定數量石環的出土。

（3）龍山文化時期

這一時期是晉西南地區玉石器製作與使用最為發達，其中璧環的出土比例較高，是玉石器的主要器類。玉璧出土遺址比較集中，以芮城清涼寺墓地第三、四期墓葬〔註191〕、襄汾陶寺遺址〔註192〕、臨汾下靳墓地〔註193〕及興縣碧村遺址小玉梁地點〔註194〕為代表，玉石璧的出土數量超過150件。

（4）二里頭文化時期

二里頭文化時期山西以發現於晉南地區夏縣東下馮遺址的二里頭文化東下馮類型為代表，主要仍分布於臨汾及運城盆地。東下馮遺址的二里頭文化遺存可分為四期，一期大致相當於二里頭文化二期，四期相當於或略晚於二里頭文化四期，基本與二里頭文化同時。東下馮類型的玉器發現數量較少，與該地區上一時期龍山文化時期不可相比，並且尚未有玉璧的發現。

〔註189〕 中國歷史博物館考古部，山西省考古研究所，垣曲縣博物館，垣曲古城東關〔M〕，北京：文物出版社，2001：228～230，273～274，334～335。

〔註190〕 中國社會科學院考古研究所山西工作隊，山西垣曲豐村新石器時代遺址的發掘〔A〕，中國社會科學院考古研究所，考古學集刊（第 5 輯）〔C〕，北京：中國社會科學出版社，1987。

〔註191〕 山西省考古研究所，運城市文物工作站，芮城縣旅遊文物局，清涼寺史前墓地（上）〔M〕，北京：文物出版社，2016：220～350。

〔註192〕 中國社會科學院考古研究所，山西省臨汾市文物局，襄汾陶寺——1978～1985 年考古發掘報告（第二冊）〔M〕，北京：文物出版社，2015。

〔註193〕 山西省臨汾行署文化局，中國社會科學院考古研究所山西工作隊，山西臨汾下靳陶寺文化墓地發掘報告〔J〕，考古學報，1999（4），報告中發表了1998 年 3～4 月間發掘的 450 平方米，墓葬 53 座。下靳考古隊，山西臨汾下靳墓地發掘簡報〔J〕，文物，1998（1），報告介紹了 1998 年 5～6 月發掘的 158 座墓葬的情況。宋建忠，山西臨汾下靳墓地玉石器分析〔A〕古代文明》第 2 卷，文物出版社，2000，劉明利，中原地區史前玉器初探〔D〕，北京：北京大學，2005，據劉明利統計，本次發掘共出土及微集收繳玉石器共 163 件，其中鉞 29 件、斧 5 件、鏟 2 件、刀 8 件、鑿 1 件、錛 1 件、璧 14 件、璜 21 件、圭 1 件、環 4 件、笄 1 件、鏃 9 件、管珠 27 件等。

〔註194〕 文章中提及有璧環類器物 8 件、玉璜 2 件，其中一件玉璜為折角橋形璜，具有長江下游新石器時代玉璜特徵，另外一件為大半圓環形，可能為玉環殘件，故此文中歸入璧環類。王曉毅，山西呂梁興縣碧村遺址出土玉器管窺〔J〕，故宮博物院院刊，2018（3）：71～80，對於遺址的文化屬性，由於與石峁遺址比較相近，或認為應歸入石峁文化圈。

七、甘青地區（黃河上游地區）

　　本書所述甘青地區主要是指甘肅省、寧夏省南部、青海省東部地區等黃河干流上游及其主要支流涇河、渭河、洮河、大夏河等流經區域。

　　甘青地區各區域的新石器時代考古學文化序列從早至晚依次有，距今約8000～7300 年的大地灣一期遺存、距今約 6300～5000 年的仰韶文化、距今5200～4000 年前後的馬家窰文化、距今約 5000～4500 年的常山下層文化（菜園文化），距今 4200～3600 年的齊家文化。甘青地區的新石器時代文化與陝西地區有著緊密聯繫，大地灣一期文化遺存可劃歸老官臺文化的一個地方類型，其後的仰韶文化早中期與陝西地區有著大致相近的發展脈絡，仰韶文化晚期開始，該地區逐步發展出具有自身特點的文化遺存。

　　大地灣一期遺存中尚未發現透閃石玉製品，該地區最早的玉器發現於仰韶文化時期，主要見於大地灣遺址的二至四期遺存中〔註 195〕。仰韶文化時期與馬家窰文化時期發現的玉器數量較少，已出土的玉器約 40 件，且多為錛、斧、鑿等工具類及各類墜飾，其中並未發現玉璧。

　　齊家文化時期的甘青地區是我國玉器、玉文化發展的重要區域。出土玉器的地點近 50 個，出土玉石器 800 餘件組（包括玉料），另有數千件綠松石、瑪瑙、水晶等製品。玉璧的發現始於齊家文化時期，也盛於齊家文化時期。玉璧是齊家文化玉器的主要器類，也是典型器類。發掘品較少，多為採集、徵集品，但來源地點相對明確。齊家文化中還大量使用石璧。典型遺址有師趙村〔註 196〕、皇娘娘臺〔註 197〕、海藏寺〔註 198〕、喇家遺址〔註 199〕等。

〔註195〕閆亞林，西北地區史前玉器研究〔D〕，北京：北京大學，2010：21～22。

〔註196〕中國社會科學院考古研究所，師趙村與西山坪〔M〕，北京：中國大百科全書出版社，1999。

〔註197〕閆亞林，西北地區史前玉器研究〔D〕，北京：北京大學，2010，甘肅省博物館，甘肅武威皇娘娘臺遺址發掘報告〔J〕，考古學報，1960（2）：53～71，143～148，甘肅博物館，武威皇娘娘臺遺址第四次發掘〔J〕，考古學報，1978（4）：421～448，517～528。

〔註198〕閆亞林，西北地區史前玉器研究〔D〕，北京：北京大學，2010。

〔註199〕葉茂林，等，青海民和縣喇家遺址出土齊家文化玉器〔J〕，考古，2002（12）：89～90，中國社會科學院考古所，青海省文物考古研究所，青海民和縣喇家遺址 2000 年發掘簡報〔J〕，考古，2002（12）：12～25，中國社會科學院考古研究所，青海省文物考古研究所，青海民和喇家遺址發現齊家文化祭壇和干欄式建築〔J〕，考古，2004（6）：3～6，閆亞林，西北地區史前玉器研究〔D〕，北京：北京大學，2010。

另外，齊家文化中玉瑗應為瑗聯璧組件，因此也將其歸入玉璧之列。

第三節　新石器時代至夏紀年時期玉璧的型式分析

　　將以上各區域考古學文化中出土玉璧進行梳理，迄今發現最早的玉璧見於距今9000年左右東北北部地區黑龍江饒河小南山遺址，其後玉璧在新石器時代至夏紀年時期各地區各時期的不同考古學文化中有發現，燕遼地區、黃河上中下游、長江中下游、中原地區都有發現。

　　根據玉璧的形態，首先以玉璧中央鑽孔的數量可將其分為單孔璧和聯璧兩類。

一、單孔璧

　　單孔璧是新石器時代玉璧中數量最多的璧類，占到了玉璧中的絕大多數。璧面的形狀各有不同，中孔也有些變化，根據主要的變化因素，還可將其分為圓璧、方璧、牙璧、瑗聯璧、有領璧等幾種類型。

1. 圓璧

　　圓璧是單孔璧中的最早出現，也是最主要類型。據不完全統計，新石器時代至夏紀年時期圓璧的數量已超過千件。最早發現的玉璧也是圓璧，其中代表性文化及遺址有紅山文化晚期，小珠山文化中、晚期，大汶口文化、良渚文化、陶寺墓地、清涼寺墓地、石峁遺址等。根據圓璧的璧面大小，可分為大小兩型。

　　A型　小型圓璧，直徑一般小於5釐米，多在3～4釐米左右。製作較規整，大多數中孔管鑽而成，個別為桯鑽，桯鑽的情況見於小南山遺址早期玉璧中。玉璧的斷面有楔形、長方形、棗核形等多種形態，尤其是玉璧最初出現的時間段，玉璧斷面形態各異，現根據其中主要、且流傳時間較長的形態可分為3亞型：

　　Aa型　斷面為棗核形或橄欖形。璧面內外邊緣磨薄（圖3，1、2）。

　　Ab型　斷面為楔形。璧面外緣磨薄成刃狀（圖3，3）。

　　Ac型　斷面為長方形。璧面厚薄較均勻（圖3，4）。

　　B型　大型圓璧所謂大璧，主要是針對小型玉璧而言的，一般圓璧的大小大於5釐米，以7、8～15釐米間最為多見。直徑20釐米以上的圓璧為超大玉璧，數量較少，僅見於良渚文化晚期及齊家文化遺存。根據璧面和中孔的寬度，可分2亞型：

圖3 新石器時代至夏紀年時期小型圓璧

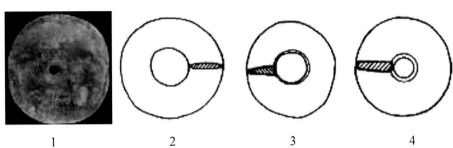

1　　　　　　2　　　　　　3　　　　　　4

1、2.Aa 型（饒河小南山遺址，長嶺腰井子遺址）　3.Ab 型（王因遺址）
4.Ac 型（劉林遺址）。

Ba 型　璧面寬度與中孔寬度相近，略寬或略窄或基本相等，中孔一般較大。玉璧的體量適中。根據斷面形態，還可分 3 亞型。

Ba I 型　斷面為棗核形或橄欖形。這類玉璧的中孔採用管鑽、擴孔等多種方式製作，而後進行琢磨修整，將璧面內外緣皆磨薄，斷面遂成橄欖或棗核形。東北北部地區、燕遼地區出土玉璧多為這種斷面形態。長江下游的凌家灘文化也有一類玉器是這種形態。主要見於東北北部新開流上層文化、左家山三期等同時期文化，燕遼地區紅山文化、海岱地區大汶口文化中有部分玉璧屬於這種類型。這類玉璧璧面上近外緣處多鑽有小孔，1 個或並列 2 個比較多見，如牛河梁 N2Z1M7：3（圖4，1）。凌家灘遺址出土的這類玉璧璧面也多有小孔，但是小孔的數量有的比較多，而且分布比較分散，有的在中孔周圍也加了小孔，如凌家灘 87M4：44。

Ba II 型　斷面為楔形。這類玉璧一般為磨製成形，璧面外邊緣磨薄，呈刃狀，楔形有些許差別，有的為長楔形，有些為短楔形。這種斷面的形成是由於玉璧的中孔管鑽，中孔較直，璧面外緣磨薄，斷面遂成楔形。主要見於海岱地區大汶口文化中晚期、龍山文化，晉西南地區及陝北地區龍山文化等遺址中（圖4，2）。

Ba III 型　斷面為長方形。這類玉璧一般為切割成形，璧面厚薄基本均勻，有些厚薄不勻，也歸入此類。小南山遺址玉璧有的斷面就為長方形，長江下游地區的凌家灘遺址部分玉璧、良渚文化中期的部分玉石璧、齊家文化玉石璧為這種形態，晉西南地區的陶寺遺址、下靳遺址、清涼寺墓地中龍山時代有部分玉璧亦為這種斷面形態（圖4，3）。

圖4　新石器時代至夏紀年時期大型圓璧

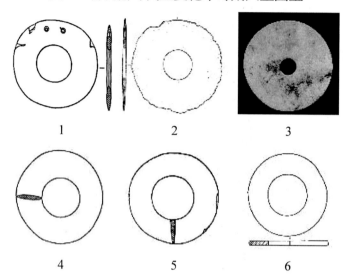

1.BaⅠ型（牛河梁遺址 N2Z1M7）　2.BaⅡ型（清凉寺墓地 M61）
3.BaⅢ型（餘杭匯觀山 M4）　4.BbⅠ型（牛河梁遺址 N2Z1M7）
5.BbⅡ型（下靳墓地 M70）　6.BbⅢ型（下靳墓地 M13）

Bb型　中孔小於璧面寬度。

BbⅠ型　斷面為棗核形或橄欖形。這類玉璧玉璧的璧面內外緣皆磨薄。主要見於東北北部地區、燕遼地區所見玉璧中，海岱地區大汶口早中期玉璧也有這種形態的玉璧（圖4，4）。

BbⅡ型　斷面為楔形。中孔較小的玉璧中，斷面為楔形的情況比較少見，在海岱地區大汶口文化中晚期、晉西南地區的清凉寺墓地、陶寺及下靳遺址有少量發現（圖4，5）。

BbⅢ型　斷面為長方形。主要見於長江下游的良渚文化中，玉璧的器體較大。主要見於良渚文化、晉西南地區清凉寺墓地等遺存中（圖4，6）。

圖5　新石器時代至夏紀年時期不規則璧、方璧

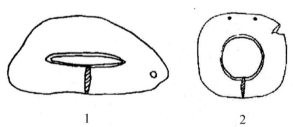

1.不規則璧（吉林長嶺腰井子遺址）　2.方璧（黑龍江杜蒙李家崗遺址）

2. 不規則璧

器體外廓大致為圓形，但不規則，或為長圓形，或為多邊形等，璧面外緣磨薄為刃狀。這類玉器主要見於距今 7000～5000 年前後的東北北部地區文化遺存中，器形較大，直徑多大於 5 釐米，璧面的變化比較多（圖 5，1）。

3. 方璧

外廓為圓角方形或長方形，中央有孔。這類玉璧首先見於東北北部地區的李家崗遺址、哈民遺址。這類玉器一般器形較大，直徑大於 5 釐米。璧面外緣或內外緣一般磨薄為刃狀。東北北部地區 6000～4000 年前後的各遺址、燕遼地區紅山文化有比較多的發現，在玉璧中占比較大。另外在大汶口文化及陶寺、清涼寺、下靳、碧村、石峁、蘆山峁等遺址也有少量發現，但並不是玉璧的主要種類（圖 5，2）。

4. 牙璧

器體外廓為圓形或近圓形，中央有孔，璧外緣刻畫或琢磨出齒牙。最早發現於遼東半島小珠山中期文化的吳家村遺址，大汶口文化中晚期，晉西南地區的陶寺墓地、下靳及清涼寺墓地，陝北的石峁、蘆山峁遺址牙璧的也有個別發現，貫穿了新石器時代至夏紀年時期。牙璧的造型多樣，齒牙變化各異，根據牙璧的形狀可大致分為不規則牙璧、圓形牙璧、三角形牙璧、方形牙璧 4 型。

A 型　不規則牙璧。器形沒有規則，外廓為長方形，多邊形等，製作粗陋，齒牙的狀態也比較隨意，且數量不等。主要見於遼東半島的大連四平山積石冢（圖 6）。

圖 6　新石器時代至夏紀年時期 A 型不規則牙璧（四平山遺址）

B 型　三角形牙璧。器體外廓近三角形，即將齒牙與牙璧外緣連線，連線後的外廓為三角形。是發現最早的牙璧形態。牙璧器形有大有小，根據牙齒的形態還可以分為有牙無齒、有牙有齒、有齒無牙三型。

Ba 型　有牙無齒。有牙無齒的三角形牙璧為三角形牙璧的基礎造型，出

現較早，延續時間貫穿新石器時代至夏紀年時期。遼東半島、海岱地區、中原的晉西南地區、陝北地區等區域的文化遺存中都有發現。根據齒牙的製作方式，可分為2式：

Ba I 式　牙璧外廓圓潤，磨製成形或修整，齒牙刻畫而成，齒尖圓鈍。遼東半島最早發現的牙璧為此造型，後海岱地區、中原地區皆有發現（圖7，1～3）。

Ba II 式　牙璧外廓平直，切割成形，齒牙較寬，齒尖尖銳。始見於海岱地區大汶口文化晚期至龍山文化時期（圖7，4）。

圖7　新石器時代至夏紀年時期 B 型三角形牙璧

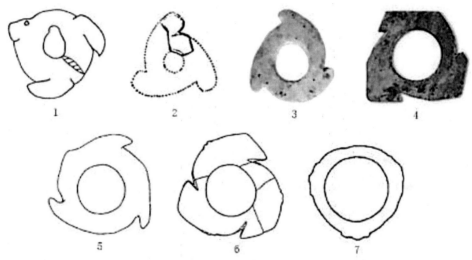

1～3.Ba I 式（吳家村遺址、三堂村遺址、五蓮丹土遺址）　4.Ba II 式（五蓮丹土遺址）
5.Bb I 型（四平山遺址）　6.Bb II 型（西朱封遺址）　7.Bc 型（五蓮丹土遺址）

Bb 型　有牙有齒。牙上有小齒或其他突出的造型，是三角形牙璧的變體。大汶口晚期即有發現，是龍山文化時期比較流行的造型。根據外廓突出造型，還可分2型。

Bb I 型　突起或其他造型。牙的外廓上有寬突起或其他圖案造型（圖7，5）。

Bb II 型　小齒。牙的外廓上有小齒。最早見於三里河遺址大汶口晚期牙璧，龍山文化時期流行，在商周時期仍有發現（圖7，6）。

Bc 型　有齒無牙。僅發現1件，見於丹土遺址。牙璧外廓沒有切割出大尖齒，而是均勻分布三組小齒牙（圖7，7）。

圖 8　新石器時代至夏紀年時期 C 型圓形牙璧

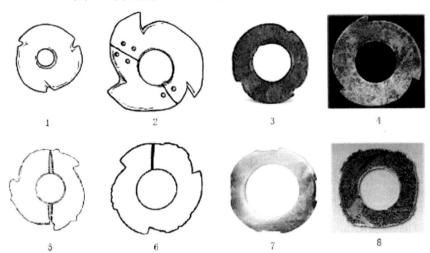

1～4.Ca 型（四平山遺址、四平山遺址、諸城前寨遺址、陶寺遺址）　　5～6.Cb 型（三里河遺址、莊里西遺址）　　7～8.Cc 型（蘆山峁遺址、陶寺遺址）

　　C 型　圓形牙璧。器形外廓近圓形，即將齒牙與牙璧外緣連線，連線後的外廓為圓形。器形較大，多在 10 釐米左右，是牙璧中最為常見、數量最多的種類。仍可根據齒牙形態分為有牙無齒、有牙有齒、有齒無牙三型。

　　Ca 型　有牙無齒。遼東半島小珠山上層文化遺存中即有發現，在海岱地區比較流行，是龍山文化時期的主要牙璧種類，後在晉西南、晉西、陝北地區皆有發現（圖 8，1～4）。

　　Cb 型　有牙有齒。始見於海岱地區大汶口文化晚期三里河遺址，在龍山文化時期流行，也見於龍山文化晚期晉西地區的碧村遺址，石峁遺址採集、徵集品中也有發現（圖 8，5、6）。

　　Cc 型　有齒無牙。數量較少，陶寺、蘆山峁、石峁遺址都發現，外緣未刻畫出尖牙，一般均等琢刻出 3 或 4 組小齒或突起（圖 8，7～8）。

　　D 型　方形牙璧。器體外廓為方形或方圓形，即將齒牙與牙璧外緣相連，連線後的外廓為方形或方圓形，是牙璧中最為少見的種類。齒牙的變形較小，有牙無齒、有牙有齒 2 亞型。哈民遺址中出土 2 件異形璧，外廓近方形，在其中一角刻畫出一牙，可能為方形牙璧的早期形態。其後見於晉西南地區清涼寺墓地、下靳遺址，晉西碧村遺址，陝北石峁遺址中。

　　Da 型　有牙無齒。器形方圓，器物外緣等分刻畫出 4 個齒牙，刻畫出有深 V 形刻槽，器體中央厚而邊緣磨薄，斷面為楔形。見於晉西南清涼寺墓地、

下靳遺址（圖9，1、2）。

Db 型　有牙有齒。僅見於石峁遺址。器形方圓，器物外緣等分切出4個齒牙，牙上各琢刻一組冠形齒，器體厚薄較勻，斷面為長方形（圖9，3）。

圖9　新石器時代至夏紀年時期方形牙璧

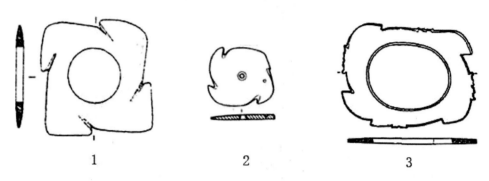

1　　　　　　　　2　　　　　　　　3

1～2.Da 型（清涼寺墓地、下靳遺址）　3.Db 型（石峁遺址）

5. 有領璧

圓形外廓，中孔周邊單側或兩側留有高臺，似衣領。也有稱帶領璧、有領環、T字形環、凸緣環、凸唇環、凸唇璧等等。這類器物稱「環」的較多，但是由於其環面一般都較寬，因此本書將其歸入璧類。出現時間較晚，但是出現的地點大致時間相當。最早見於晉西南地區的清涼寺墓地、下靳遺址，海岱地區龍山文化時期司馬臺遺址、陝北石峁遺址〔註200〕、甘青齊家文化〔註201〕中也有發現。各文化及遺址中所見僅一兩件，數量甚少（圖10）。

圖10　新石器時代至夏紀年時期有領璧

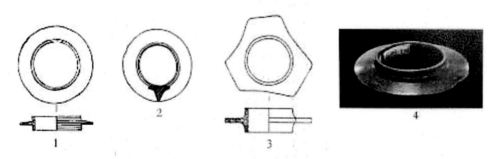

1.司馬臺遺址　2.下靳遺址　3.清涼寺墓地 M162　4.積石山新莊坪遺址

〔註200〕石峁遺址徵集採集玉器中有1件有領璧。
〔註201〕甘肅積石山新莊坪遺址出土1件齊家文化時期有領璧，藏於臨夏州博物館。

二、聯璧

　　2個以上圓形玉璧相連成器，已知的有雙聯、三聯及四聯璧。數量較少，最早的聯璧見於東北北部地區黑龍江尚志亞布力遺址中，距今約7500年前後，為三聯璧；距今約5500年或稍早的東翁根山遺址發現最早的雙聯璧，四聯璧僅見於大汶口文化中期的野店遺址，海岱地區的雙聯璧基本為大汶口中晚期階段。聯璧的器形從出現就基本定型，並沿用至距今5000年前後。石峁遺址的徵集品中也出現過1件雙聯璧〔註202〕，其玉料與造型並非典型的紅山文化特徵，方直切割的製作風格與海岱地區似乎有些關聯，聯璧的發展脈絡尚需進一步的考古資料補充。

圖11　新石器時代至夏紀年時期雙聯璧

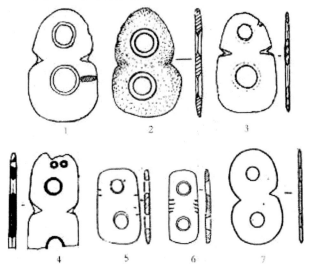

　　1～3.A型（泰來東翁根山遺址、通榆張儉陀子遺址、牛河梁遺址N16M1）　4～6.B型（牛河梁遺址VZ1、大汶口遺址M47、花廳遺址M45）　7.C型（野店遺址）

1. 雙聯璧

　　在聯璧中數量最多，據不完全統計約20餘件，其中東北北部地區約出土8件，燕遼地區7件，海岱地區4件，其他地區4件。最早見於東北北部地區，應為其起源地，後經燕遼地區傳入海岱，長江下游地區也有個別發現。雖然數量較少，但是根據器形及製作方法，可分為三型

〔註202〕石峁遺址採集玉器中曾發現1件雙聯璧，似為石峁本地所製，因此聯璧的發展脈絡尚需進一步的考古資料。

A型　梯形雙聯璧。整體上小下大，略呈梯形，聯璧分隔劃出 V 型缺口，較明顯。器身中央厚而邊緣較薄，璧孔多單面鑽，大小不一，一般上大而下小。多見於東北北部地區、燕遼地區，兩個區域所見沒有太多差別。東翁根山、張儉陀子和牛河梁遺址同類器物較相近。長江下游地區的江蘇海安青墩遺址〔註203〕、南京營盤山遺址〔註204〕各發現 1 件雙聯璧，器形與兩區域的相近，推測可能為原物交流（圖 11，1～3）。

B型　長方形雙聯璧。整體呈長方形。見於海岱和燕遼地區。兩個地區所見長方形雙聯璧造型有些差異，燕遼地區的分隔刻畫明顯一些，海岱地區器形更方正，聯璧分隔不太明顯，分界出簡單刻畫幾道，應當為區域與時代差異（圖 11，4～6）。

C型　圓形雙聯璧。整體呈兩個圓環狀，雙璧較圓，分隔明顯。見於海岱地區野店遺址（圖 11，7），應為海岱地區的本地製作與改良。長江下游凌家灘遺址也曾出土 1 件。

圖 12　新石器時代至夏紀年時期三聯璧、四聯璧

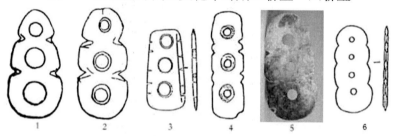

1、2.A 型（亞布力遺址、胡頭溝 M3）　3、4.B 型（大汶口 M47、富莊墓葬）　5.C 型（周河遺址）　6.四聯璧（野店 M22）

2. 三聯璧

出現比較早，但是數量更少，東北北部地區 1 件、燕遼地區 2 件、海岱地區 3 件。最早見於東北北部地區，後在燕遼地區紅山文化、海岱地區大汶口文化晚期也有發現。根據三聯璧的器形及製作方式可分為兩型。

A型　梯形三聯璧。整體為梯形，上小而下大，聯璧間刻畫出 V 形缺口，較深。中央厚而邊緣較薄，璧孔為單面鑽。主要見於東北北部及燕遼地區（圖 12，1、2）。

B型　長方形三聯璧。整體大致為長方形，器身扁薄，較均勻，分隔處簡

〔註203〕南京博物院，江蘇海安青墩遺址〔J〕，考古學報，1983（2）。
〔註204〕雍穎，海岱地區出土新石器時代玉器研究〔D〕，北京：北京大學，1997：14。

單刻畫，不太明顯。見於海岱地區（圖 12，3、4）。

C 型　圓形三聯璧。整體為長圓形，似三件圓璧相連，聯璧間刻畫出 V 形缺口，較深，單面鑽孔，孔較小。僅有 1 件，見於海岱地區大汶口中期周河遺址中（圖 12，5）。

3. 四聯璧

數量較少，僅見於鄒縣野店遺址（圖 12，6）。

第四節　新石器時代至夏紀年時期玉璧的製作方式

新石器時代至夏紀年時期的玉璧種類比較多，前文已有介紹，此不贅述。各類玉璧的出現和流傳時間有些差異，但是最終玉璧定型為圓璧，其他種類的玉璧都逐漸消失了。圓璧作為玉璧中的主導器型，使用時間最長、也最為常見，而且各類玉璧的製作多有相通之處。因此本文在對新石器時代至夏紀年時期玉璧製作工藝的探討中，將主要圍繞圓璧的製作工藝展開。另外，由於這一時期的玉璧多為素面，只有極個別的玉璧上有刻紋，如良渚文化，因此在工藝討論中刻紋也未列入主要步驟。

一、成坯

成坯，即是將玉料進行初步處理，將其大致製作成玉璧的基本形狀，符合進一步加工的需要。在玉璧等片狀玉器的製作中，有片狀成坯、柱狀成坯兩種模式〔註 205〕。片狀成坯是單件單製，每 1 件玉璧單獨製坯修坯成片。柱狀成坯，是將玉料製成柱狀體，而後剖切成坯。這種成坯方式更適合量產，是一種比較成熟的成坯方式，不僅對製作方式要求比較高，柱狀坯料的成形比片狀坯料的成形難度要大的多，而且對玉料的要求也比較高，需要比較大的玉料。柱狀成坯應該與製玉作坊、有批量的生產，還有成熟的管鑽、修整及切割技術相關聯。可能在大型製玉中心，就如良渚文化有所採用，大量的一般遺址可能多採用片狀成坯的模式。

片狀成坯主要有三種方式：

一是打製、琢磨成坯。

〔註 205〕良渚玉器工藝課題組，良渚玉工〔M〕，香港：中國考古藝術研究中心，2015：142～143。

在玉器製作，尤其是早期玉器的製作中，隨料而做比較普遍。多根據玉料的形狀製作器物或者根據器形的需要選擇合適形狀的玉料，通過打製、簡單琢磨的方式，將器物的初步造型確定下來。玉璧的成坯工藝中也有的採用了這種方式，如距今 6800～5500 前後的後套木嘎遺址第三期遺存中出土玉璧 12DHAIVH5：1，玉璧兩側及邊緣留有打製痕跡（圖一左），應為打製成坯〔註206〕。由於大部分玉璧的成坯痕跡經修整沒有保留，這種成坯方式有些不能觀察到，不過各時期其他玉器也採用打製、琢磨方式成坯，如興隆窪文化玉玦上就留有琢擊痕跡〔註207〕，再如屬於仰韶文化半坡類型的龍崗寺遺址出土玉鏟表面就留有打製痕跡，可以為這種方式的觀察提供一些參照。但是由於透閃石玉料堅韌，運用打製、琢磨方式製坯，成器率低、玉料的利用率低，因此這種成坯方式的運用不普遍。

二是線切割成坯。

線切割是以柔性線狀物為載體帶動解玉砂對玉料進行剖切的工藝〔註208〕。線切割也稱為砂繩切割技術，是玉璧成坯的主要技法。線切割技法出現的比較早，距今 8000 年前後的興隆窪文化出土的玉器上就可觀察到線切割的痕跡〔註209〕。線切割成片也有兩種方式，一種是先打孔，將砂繩穿入孔內進行剖切。這種方法在紅山、良渚等文化的片狀器物成坯成形中都有使用。第二種是直接用砂繩進行切割。小南山遺址出土玉璧側面就留有砂繩切割痕跡〔註210〕，應是成坯時留下的。切割痕跡深淺不一，不平直、不均匀，是早期

〔註206〕吉林大學邊疆考古研究中心，吉林省文物考古研究所，吉林大安市後套木嘎遺址 AⅢ 區發掘簡報〔J〕，考古，2016（9）；吉平，鄧聰，哈民玉器研究〔M〕，北京：中華書局，2018：214～220。

〔註207〕中國社會科學院考古研究所，香港中文大學中國考古藝術研究中心，玉器起源探索〔M〕，香港：香港中文大學，2007。

〔註208〕牟永抗，試論中國古玉的考古學研究〔A〕，楊伯達，出土玉器鑒定與研究〔C〕，北京：紫禁城出版社，2001；牟永抗，關於史前琢玉工藝考古學研究的一些看法〔A〕，錢憲和，史前琢玉工藝技術〔M〕，臺北：臺灣博物館，2003：19～40。

〔註209〕中國社會科學院考古研究所，香港中文大學中國考古藝術研究中心，玉器起源探索〔M〕，香港：香港中文大學，2007：80～124。

〔註210〕黑龍江省文物考古研究所，饒河縣文物管理所，黑龍江饒河小南山遺址 2015 年 Ⅲ 區發掘簡報〔J〕，考古，2019（8）。黑龍江省文物考古研究所，饒河縣文物管理所，黑龍江饒河小南山遺址 2015 年 Ⅲ 區發掘簡報〔J〕，考古，2019（8）。

線切割技術的體現。凌家灘遺址、良渚文化玉璧上也常留有線切割的痕跡，線痕弧度均勻，體現出對於線切割技術爐火純青的掌握。

三是片切割成坯。

片切割是指用硬質片狀物帶動石英砂進行拉鋸狀來回運動的切割工藝，也稱為鋸切割〔註211〕。也即使用片狀工具切割玉料成片。片切割技術出現的也比較早，距今 8000 年前後的興隆窪文化中片切割就常用來完成玉鏟的縱向一分為二的切割〔註212〕，紅山文化玉器也較多地使用片切割技術〔註213〕。新石器時代玉璧的直徑多在 7～15 釐米之間，還有一些超過 20 釐米，甚至 30 釐米的超大玉璧，這類玉璧如果用片切割進行成坯，對於切割工具及切割技術的掌握要求比較高，因此片切割技術普遍應用於玉璧的成坯應該比較晚。海岱地區龍山文化，晉西南清涼寺、陶寺、下靳遺址，陝北石峁、蘆山峁遺址中所見玉璧厚薄均勻，切割平直，雖然玉璧上鮮有切割痕跡遺留，但是從石峁遺址採集的 1 件牙璋中央留有的一條切割痕跡，鋸縫僅 0.15 釐米上下，可見當時片切割技術的高超。嫻熟的片切割技術用於玉璧開料成坯中，可以得到厚薄較均勻、璧面平齊的玉璧坯料。

當然玉器的成坯過程有時候比較複雜，並沒有劃分的這麼明晰，成坯過程很可能是幾種方式綜合使用的，比如打製與切割同時使用。而且很可能成坯的方式也是多樣的，這三種方式只是玉璧在成坯過程中最為常用的方式。

二、鑽孔及成形

第二個步驟本是分兩步的，外廓成形和中孔成形，由於有些玉璧這兩個步驟是一併完成的，而且有的玉璧在製作中先鑽中孔後製作外廓，有的玉璧則先製作外廓後鑽中孔，因此將兩者合併為一個步驟進行分析。

1. 外廓成形主要有 4 種方式

一是中孔軸心旋截技術〔註214〕成形。

〔註211〕牟永抗，關於史前琢玉工藝考古學研究的一些看法〔A〕，錢憲和，史前琢玉工藝技術〔C〕，臺北：臺灣博物館，2003：19～40。

〔註212〕中國社會科學院考古研究所，香港中文大學中國考古藝術研究中心，玉器起源探索〔M〕，香港：香港中文大學，2007：147，151，270。

〔註213〕良渚玉器工藝課題組，良渚玉工〔M〕，香港：中國考古藝術研究中心，2015：8～78。

〔註214〕謝苗諾夫在《Prehistoric Technology》一書中提出，本文作者並未參看過此書，文中主要內容轉引自吉平，鄧聰，哈民玉器研究〔M〕，北京：中華書局，2018。

中孔軸心旋截技術最先由俄羅斯學者謝苗諾夫提出，他通過對俄羅斯東西伯利亞地區格拉茲科沃文化（距今 6000～5000 年）出土璧環類器物的研究，復原出穿孔製作的工藝。中孔軸心旋截技術的製作程序是在片狀坯料中央鑽孔以固定中軸（軸心柱）或直接以鑽具固定中軸，中軸連接橫軸木臂，橫軸上根據需要再固定工具，圍繞中軸進行劃刻。在玉料上刻畫出圓形淺槽後，再繼續旋刻或徒手用工具劃刻直至劃斷（圖 13）。

中孔軸心旋截技術製作的玉璧環，由於主要靠手臂的力量進行劃刻，無法進行長距離的刮削，只能一段一段進行，會在成器後的璧環外緣形成竹節狀的痕跡。史前時期可確認使用該技術製作玉璧的遺址主要分布於內蒙古呼倫貝爾、東北西北部地區，時代集中在距今 5000～4000 年間。其他地區偶有發現，如海岱地區野店遺址中發現有使用這一技術傳統製作的玉璧〔註215〕。

圖 13　謝苗諾夫穿孔製作工藝

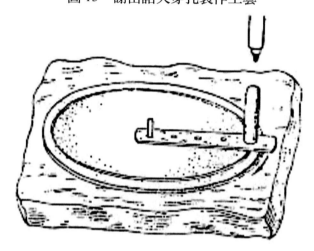

採自《哈民玉器研究》

二是切割、琢磨成形。

玉璧片狀坯料製成後，再經琢磨成圓形外廓。史前時期有些的玉璧外緣並不規整，也就是說不圓。管鑽大直徑器物需要一定的技術水平，因此可能在掌握這種管鑽成形技術之前，大部分的玉璧使用的是切割後琢磨，或琢磨技術成形。東北北部地區、燕遼地區紅山文化晚期階段比較流行方璧或不規則璧，這類玉璧的外廓成形可能為打製或琢製成坯後，磨製成形。再如良渚文化出土玉璧數量超

〔註215〕王強，鄧聰，欒豐實，海岱地區與東北亞史前玉器文化交流——以野店遺址所出璧環類玉器為例〔J〕，考古，2018（7）。

過 600 件，中孔管鑽技術非常成熟，但是縱觀良渚文化時期，幾乎沒有 1 件玉璧的外緣是真正的圓形，可能並不是採用管鑽的方式成形。部分應該是將片狀玉料切割成方形，然後逐漸倒角、磨圓〔註216〕。好川墓地出土的 1 件圓形玉片 M60：2，也為這一時期玉璧的成形技術提供了一點線索，玉片的邊緣可見一段段的切割痕跡，可能圓形的外廓是由短刃片鋸一刀一刀切割而成〔註217〕。

三是鑽孔、線切割成形。

先在坯料上鑽孔，再用線切割成形。線切割技術出現比較早，而且在興隆窪文化玉器製作中就有廣泛的應用。紅山文化將這一技法與鑽孔技術結合，進行造型和紋飾的製作，這種鏤空工藝主要見於勾雲形佩。良渚文化玉器中的這種工藝也用於紋飾製作，如玉獸面冠狀器（反山遺址 M15：7、M16：4）等。凌家灘遺址出土的鏤空玉璧上採用過這種工藝（圖 14）。可見各玉文化中已經掌握了這種技術，這種技術可以用於玉璧的成形中，線切割出外廓後琢磨修整成形，與新石器時代玉璧中大量外廓較規整但是又非正圓的形態比較相近。不能排除在玉璧的成形中使用這一方式。

圖 14　凌家灘遺址鏤空玉璧

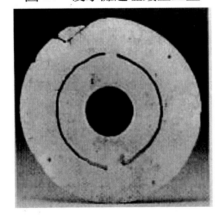

四是管鑽成形。

用管鑽的方式直接成形。管鑽也即空心管鑽，是用竹管、骨管等中間有空腔的管狀物，配合解玉砂進行鑽孔的方式。鑽孔坡度較小，孔壁較直，基本為圓柱形。管鑽工藝出現比較早，在距今 8000 年前後的查海遺址中就出土了被

〔註216〕劉衛東，陸文寶，戚水根，良渚文化玉璧製作工藝初探〔J〕，東南文化，2009（6）。

〔註217〕良渚玉器工藝課題組，良渚玉工〔M〕，香港：中國考古藝術研究中心，2015：205～216。

認為與管鑽技術有直接關係的石軸承器〔註218〕，而且查海遺址、興隆溝、興隆窪等遺址發現的玉玦全部具有非常接近中心對稱圓形的特徵〔註219〕，說明這一時期可能就已經開始使用管鑽技術。但是在透閃石玉料上直接管鑽成形，對管鑽技法的掌握有比較高的要求，因此將這種技法運用於玉璧成形上的時代相對比較晚，當然也與遺址的技術傳統相關，有些遺址即使掌握管鑽成形的技術，但是由於沒有管鑽成形的傳統，也沒有普遍應用。

　　凌家灘遺址出土的有些玉璧環外廓十分規整，有些外廓留有管鑽痕跡，管鑽技術應該已經應用於玉璧成形技術。而且遺址的管鑽技術已經相對比較成熟，璧環類器物的尺寸有一定的規律，可能存在一套尺寸比較固定的鑽具，用於不同類型的玉器〔註220〕。良渚文化中使用管鑽工藝的器物比重佔了絕大多數〔註221〕。良渚文化的玉管管徑可以達到 10.6 釐米，反山遺址玉璧 M20：5 外緣和璧面上保留管鑽痕跡，實際是用 1 件玉鑽芯製作而成〔註222〕。由此推斷，部分玉璧，尤其是尺寸較小的玉璧，有使用管鑽成形的技術支撐。海岱地區龍山文化，晉西南地區陶寺文化，陝北石峁、蘆山峁遺址，甘青地區齊家文化及夏紀年時期各遺址中所見玉璧多數外廓比較規整，管鑽成形技法應該在這一階段使用較普遍。如清涼寺遺址採集玉璧鹽湖 00809 內外緣鑽痕明顯，應該使用管鑽技術成形〔註223〕。

2. 中孔成形技術主要使用鑽孔技術

　　玉石器的穿孔技術有手持旋轉刮削、敲打或琢擊、旋轉研磨三類，旋轉研磨又有揉錐法、弓鑽法、舞鑽法、繩革拉動軸柱法、機械旋轉法〔註224〕等幾

〔註218〕遼寧省文物考古研究所，查海——新石器時代聚落遺址發掘報告〔M〕，北京：文物出版社，2012。

〔註219〕鄧聰，中國最早石制軸承的功能實驗考古試論——查海遺址軸承形態分析〔A〕，慶祝郭大順先生八秩華誕論文集〔C〕，北京：文物出版社，2018：131～141。

〔註220〕吳敏娜，凌家灘墓地玉器初步研究〔D〕，北京：北京大學，2002。

〔註221〕良渚玉器工藝課題組，良渚玉工〔M〕，香港：中國考古藝術研究中心，2015：183。

〔註222〕良渚玉器工藝課題組，良渚玉工〔M〕，香港：中國考古藝術研究中心，2015：66～67。

〔註223〕員雪梅，燕遼、海岱、中原地區新石器時代玉器研究〔D〕，北京：北京大學，2005：117。

〔註224〕鄧聰，吉平，內蒙古哈民玉器穿孔之南北體系〔A〕，鄧聰，澳門黑沙史前輪軸機械國際會議論文集〔C〕，澳門：澳門特別行政區民政總署文化康體部，2014：120～127。

種方法。因新石器時代玉璧的中孔有些在製作後進行了修整、打磨，所以中孔的成形技術不一定都能復原。從保留的痕跡推測有些主要有以下幾種：

一是桯鑽。

桯鑽，也稱為實心鑽，是以實心鑽具配合解玉砂進行鑽孔的工藝。鑽孔的坡度比較大，呈上大下小的喇叭狀。在新石器時代玉璧中孔製作中比較少見，主要見於小南山遺址早期部分玉璧中，中孔為桯鑽，較小。

二是管鑽。

史前大部分玉璧的中孔都比較規整，有的內緣還留有鑽痕，應該是使用了管鑽技法制成。中孔管鑽是一種技術傳統，興隆窪——查海文化時期，部分玉器的中孔製作就可能開始使用了管鑽技術，這種技法在燕遼地區、海岱地區、長江下游地區及晉西南、陝北、甘青地區也有普遍使用。如北福地二期發現的石璧環就可能採用了管鑽進行穿孔〔註225〕；紅山文化玉璧環、鐲等器物製作中較為普遍地使用管鑽〔註226〕；崧澤文化晚期就發現了中孔管鑽的玉環，良渚文化中管鑽技術非常成熟〔註227〕，玉璧的中孔基本使用管鑽成形。管鑽是史前玉璧中孔成形的主要技法。

同時，在對史前磨製石器的各種作孔工藝的考察中發現，管鑽是最佳的作孔方式〔註228〕。在史前玉器製作中，玉料的利用率也是對製作工藝考量的一個重要指標，管鑽對玉料的消耗最小，而且鑽芯還可以用於製作其他器物。因此管鑽無論從效率、安全性，還是用料利用率上，都是最佳的作孔方式。因此中孔管鑽成形也是史前時期人們對製玉技術的選擇。

管鑽可以分為單面管鑽和雙面管鑽。有些玉璧中孔壁面平直，多為單面管鑽，一般單面快鑽通時，從背面鑿通或者背面鑽通後修整。有些玉璧中孔中部較高，呈弧形或者中部帶棱，則是雙面管鑽後修整。

三是多種技法擴孔。

新石器時代玉璧中有些玉璧的中孔並不規整，其中以東北北部地區最具

〔註225〕吉平，鄧聰，哈民玉器研究〔M〕，北京：中華書局，2018：112～119。

〔註226〕郭大順，孫力，旋轉技術在紅山文化玉器中的應用〔A〕，澳門黑沙史前輪軸機械國際會議論文集〔C〕，澳門：澳門特別行政區民政總署文化康體部，2014：128～155。

〔註227〕良渚玉器工藝課題組，良渚玉工〔M〕，香港：中國考古藝術研究中心，2015：183。

〔註228〕崔天興，史前磨制石器作孔效率的量化觀察〔N〕，中國文物報，2018-6-1（6）。

代表性。這類玉璧的中孔製作方式可能為多種手法結合進行擴孔而成，一般在製成後經細緻的碾磨修整，從殘留的製作痕跡觀察，擴孔的方法應該也有多種。一種為打製後切割修整，如哈民遺址出土方璧 F45：18，中孔內壁留有打製痕跡，且內緣呈多邊形，似為工具劃刻所致（圖15，左）。第二種為劃刻後切割擴孔，F46 出土的方璧 F46：7 中孔為長方形，一面中孔兩側有 V 形凹槽，內緣還有小臺，似為劃刻造成。這種劃刻成孔的方法在仰韶時期石刀、陶刀中使用比較多，有的先鑽一孔，然後沿孔劃刻出窄長凹槽。這件玉璧的中孔製作中在此基礎上有加了一道工序，根據需要在凹槽周邊刻畫形成方孔。再如哈民遺址出土雙聯玉璧 F45：9，穿孔處留有實心鑽痕，研究者認為可能為穿孔的第一步，隨後進行擴孔完成穿孔〔註229〕（圖15，右）。

圖15 多種手法擴孔（採自《哈民玉器》）

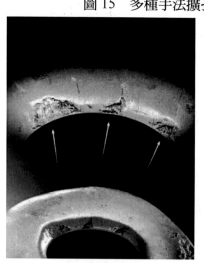 

左：哈民遺址方璧 F45：18 中孔打製及劃刻痕　右：哈民遺址雙聯璧 F45：9 穿孔處實心鑽痕

三、修整成器

史前玉璧經修整後最終成器，是製作的最後一道工序。玉璧的修整方式主要為琢磨和拋光。琢磨主要是為了調整器形，並磨掉玉璧表面和中孔內壁的製作痕跡，修平璧面。拋光主要是為了將玉璧打磨出光澤，增加玉璧之美感。

在現代玉器製作工藝中，器物成形後會進行拋光。拋光有粗拋和精拋兩種，粗拋主要是用含金剛石的石條琢磨玉器表面，去掉製作痕跡；精拋則是用

〔註229〕吉平，鄧聰，哈民玉器研究〔M〕，北京：中華書局，2018：221～275。

獸皮等軟性工具打磨玉器表面，增加其光澤。

　　但是在史前玉璧的製作過程中，在成形後，對玉璧的琢磨過程十分重要，往往是對玉璧的再次加工，包括對器形的修整、內外邊緣的再加工、齒牙的琢磨和刻畫等等，是確定玉璧的器形，並最終成器的重要步驟。在完成琢磨後才能進入拋光環節。在這一過程中，琢磨修整與現代工藝中的粗拋有些結合點，但是過程和內容更為複雜。因此將玉璧的最後一道工序稱為修整，而不僅限於拋光。

　　史前玉璧由於以素面居多，以線條構圖的器形，對於線條的流暢、平直要求比較高。玉璧的外廓、中孔及璧面的修整是對玉璧線條的調整和再加工。東北北部、燕遼地區紅山文化、海岱地區大汶口文化中出土的玉璧邊緣多磨薄成刃狀，就是對玉璧器形的再加工，是在修整成形階段進行的，也是玉璧的一種加工傳統。晉西南陶寺、清涼寺、下靳遺址中既有邊緣磨薄的玉璧也有厚薄均勻的玉璧，是對兩種不同的玉璧加工傳統的融合。這一階段的玉璧表面一般沒有線拉和片鋸痕跡，外緣，尤其是中孔的鑽痕也會修整掉。齊家文化玉璧的中孔多為雙面管鑽，但是中孔多經細緻修整，將管鑽痕跡打磨掉。

　　對於琢磨的技法和琢磨工具，迄今尚未有明確的、可以確定為加工玉璧的琢磨拋光工具。在現代玉器製作業中，在玉器的琢磨拋光中各種器類使用的是同樣的工具。因此一些史前製玉作坊遺存中發現的寬泛的加工玉器的工具可為史前玉璧的製作提供參考。磨石、礪石類的器物，是史前各製玉作坊中最常見的製玉工具，在方家洲、磨盤墩、丁沙地、塘山、海藏寺、二里頭綠松石作坊、澳門黑沙等遺址都有出土〔註230〕。黃建秋、錢憲和等還進行了一些實驗考古探索〔註231〕。史前玉器主要是用含細砂的礪石加水來回打磨玉器，礪石主要有砂岩和石英砂岩，玉器在礪石上磨，留下的是平行交錯的磨痕，或是礪石在玉器上磨，留下的是直而深的銼痕〔註232〕。

〔註230〕姜亞飛，先秦時期制玉作坊遺存及相關問題研究〔D〕，濟南：山東大學，2016：52～54。

〔註231〕黃建秋，等，良渚文化治玉技法的實驗考古研究〔A〕，錢憲和，史前琢玉工藝技術〔C〕，臺北：臺灣博物館，2003：157～188；錢憲和，史前玉器的製造工藝技術〔A〕，錢憲和，史前琢玉工藝技術〔C〕，臺北：臺灣博物館，2003：189～247。

〔註232〕員雪梅，燕遼、海岱、中原地區新石器時代玉器研究〔D〕，北京：北京大學，2005。

關於史前玉器的拋光，學界普遍認為玉器的加工過程的最後是存在這道工序的。關於拋光的工具，多認為是木片、竹片、獸皮等硬度比較低的材質。玉璧在加工過程中經過剖切、鑽孔、琢磨等多種製作方法，表面留有各種製作痕跡，但是考古出土的玉璧，尤其是透閃石玉璧，表面多比較光潔，可見當時對於拋光技術的應用非常普遍，而且也比較精湛。

四、輔助工具

對玉器製作工藝的研究，避不開對砣具、砣切割的討論。史前時期是否已經使用砣具進行玉璧的加工，在學界尚未形成共識。楊伯達〔註233〕、張敬國〔註234〕、張廣文〔註235〕、吳棠海〔註236〕等先生曾發文認為，這一時期已經開始使用原始砣具。但是通過進一步的微痕觀察，鄧聰〔註237〕、楊建芳〔註238〕、陳啟賢〔註239〕等先生認為，所謂砣切割痕實際為線切割痕，砣具的出現最早也要到春秋時期。淅川溝灣遺址的史前玉坯上觀察到砣切割痕跡，崔天興〔註240〕等先生認為同時出土的玉環可能為史前砣具。但是從現有的材料來看，對於史前時期砣具與砣切割工藝鏈和工藝復原研究尚有很大缺環，而且從已有資料看，已觀察到的製作工藝就可以滿足史前玉璧的製作要求，因此當時是否存在砣具和砣切割還需要更多的證據支持。

不過伴隨陶器製作技術中慢輪、快輪的普及，玉器的製作應當也使用了輪盤這樣的輔助工具。除過輪盤，一些手持的鑽孔工具，應該也應用到玉璧的加工中。在玉璧在製作中無論是輪盤還是手持輔助工具，都無疑採用了旋轉的技術。

在對旋轉技術的研究中，鄧聰提出了東亞新石器時代環狀飾品存在兩大

〔註233〕楊伯達，試論先玉器工藝及玉器工藝的之區別與特點〔J〕，考古，2004（10）。
〔註234〕張敬國，楊竹英，陳啟賢，淩家灘出土玉器的微痕跡的顯微觀察和研究〔A〕，安徽省文物考古研究所，淩家灘文化研究〔C〕，北京：科學出版社，2006。
〔註235〕張廣文，淩家灘出土新石器時代玉器上的 VU 形截面加工痕跡與片狀厚砣具的使用〔A〕，淩家灘文化研究〔C〕，北京：科學出版社，2006。
〔註236〕吳棠海，中國古代玉器〔M〕，北京：科學出版社，2013：24～25。
〔註237〕鄧聰，線切割 vs 砣切割——淩家灘水晶耳璫凹槽的製作實驗〔J〕，故宮學術季刊，2005（1）。
〔註238〕楊建芳，關於線切割、砣切割和砣刻——兼論始用砣具的年代〔J〕，文物，2009（7）。
〔註239〕陳啟賢，砣具始用年代試析〔J〕，文物，2019（6）。
〔註240〕崔天興，沈辰，馬舒文，靳松安，河南淅川溝灣遺址史前玉坯切割工藝的新發現和研究〔J〕，南方文物，2019（6）。

開孔體現，流行與東西伯利亞地區的中孔軸承旋截技術和流行於東亞的軸承輪軸機械技術，也即轆轤和非轆轤體系〔註241〕。這一種技術體系的提出是基於一類「轆轤軸承石器」的識別。在距今7500年前後的查海遺址出土可能與軸承相關的石鑽，被視為迄今發現時代最早的「石軸承」〔註242〕。河北易縣北福地遺址第二、三期遺存中也發現這類石器〔註243〕。之後在7000～5000年間，在凌家灘遺址〔註244〕、大地灣遺址第四期遺存〔註245〕、馬家浜文化南莊橋遺址〔註246〕、羅家角遺址〔註247〕、崧澤文化方家洲〔註248〕等遺址有發現，距今4000年前後在華南地區澳門黑沙〔註249〕、珠海寶鏡灣〔註250〕等遺址都有發現。鄧聰曾復原了軸承輪軸機械，認為其為管鑽技術應用的標誌器物（圖16）。徐飛基於對現代輪盤的考察，根據考古學發掘資料，將轆轤軸承石器套於竹筒中並加以固定，利用竹管為鑽具，對史前鑽孔技術進行實驗研究，得到了比較理想的結果〔註251〕（圖17）。這些都是對史前製玉技術，尤其是鑽孔技術有突破性的探索與進展。

〔註241〕鄧聰，吉平，內蒙古哈民玉器穿孔之南北體系〔A〕，澳門黑沙史前輪軸機械國際會議論文集〔C〕，澳門：澳門特別行政區民政總署文化康體部，2014：120～127。

〔註242〕鄧聰，東亞史前轆轤軸承石器類型及源流〔A〕，澳門黑沙史前輪軸機械國際會議論文集〔C〕，澳門：澳門澳門民政總署文化康體部，2014：28～43；鄧聰，中國最早石制軸承的功能實驗考古試論——查海遺址軸承形態分析〔A〕，慶祝郭大順先生八秩華誕論文集〔C〕，北京：文物出版社，2018：131～141。

〔註243〕段宏振，北福地——易水流域史前遺址〔M〕，北京：文物出版社，2007。

〔註244〕安徽省文物考古研究所，凌家灘——田野發掘報告之一〔M〕，北京：文物出版社，2006。

〔註245〕甘肅省文物考古研究所，秦安大地灣〔M〕，北京：文物出版社，2006。

〔註246〕蔣衛東，問玉凝眸馬家浜〔A〕，考古學研究（十）〔C〕，北京：文物出版社，2012：399。

〔註247〕羅家角考古隊，桐鄉羅家角遺址發掘報告〔A〕，浙江省文物考古研究所學刊〔C〕，北京：文物出版社，1981：6，27。

〔註248〕趙志楠，桐廬方家洲新石器時代玉石器製造場〔A〕，東方博物（第43輯）〔C〕，杭州：浙江大學出版社，2012：5～15。

〔註249〕鄧聰，鄭煒明，澳門黑沙〔M〕，香港／澳門：香港中文大學出版社／澳門基金會，1996。

〔註250〕廣東省文物考古研究所，珠海市博物館，珠海寶鏡灣——海島型史前文化遺址發掘報告〔M〕，北京：科學出版社，2004。

〔註251〕徐飛，鄧聰，葉曉紅，史前玉器大型鑽孔技術實驗研究〔J〕，中原文物，2018（2），另外文章的作者在學術研討會上也曾介紹過實驗研究的方法、過程及部分成果。

圖 16　軸承輪軸機械復原

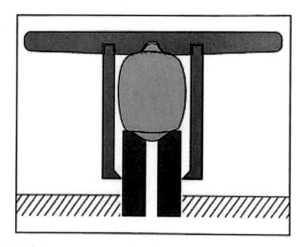

採自《澳門黑沙新石器時代輪軸機械國際會議論文集》

圖 17　鑽孔實驗輪盤

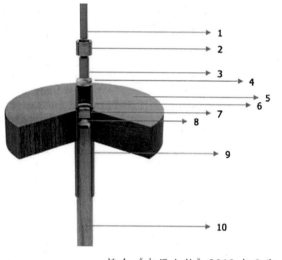

1.鑽孔竹管
2.固定榫卯
3.固定竹筒套
4.蛇紋石玉毛胚
5.輪盤
6.承胚筒塞
7.轆轤軸承器頂蓋
8.轆轤軸承器
9.車樁罩
10.車樁

採自《中原文物》2018 年 2 期

　　然而對於這類石器的認識，學界還有些不同認識。長江下游地區，如桐廬方家洲等遺址中出土的這類石器，可能為與環玦類器物製作相關的研磨器〔註252〕。在周原遺址齊家石玦作坊中出土 160 餘件石鑽（轆轤軸承器），但是作坊中絕大部分石玦玦孔為實心鑽具手持或弓鑽加工而成，管鑽技術的運用並

〔註252〕方向明，桐廬方家洲新石器時代遺址中的環玦製作及相關問題〔A〕，鄧聰，澳門黑沙史前輪軸機械國際會議論文集〔C〕，澳門：澳門特別行政區民政總署文化康體部，2014：156～201。

不普遍〔註253〕。那麼這類石器是轆轤軸承器、研磨器，還是環砥石〔註254〕或者其他與玉石器製作相關的工具？而且如何使用，怎麼組合？是否只用於鑽孔技術？這類石器的功能尚需要更深入的探討。但是毫無疑問，這類器物在多處玉石器製作遺存中出土，無論是軸承石器還是研磨器，還是什麼其他器類，應該都與旋轉技術相關。這一階段的玉璧製作中應該已經很好地掌握並利用旋轉技術。

第五節　新石器時代至夏紀年時期玉璧的使用

　　新石器時代至夏紀年時期的玉璧主要見於墓葬中，少數見於遺址或地層。墓葬出土的玉璧有比較明確的埋藏環境，可以更準確地提取到關於玉璧使用的信息。因此對於玉璧使用的探討，應從玉璧的出土位置、擺放方式及器物組合等方面入手，將所提取的信息進行綜合研究，可能可以總結出一些可能比較接近於新石器時代玉璧的使用方面的信息。

一、玉璧的出土位置

　　玉璧在墓葬中的出土位置非常多樣，有頭端、頭部、耳部、頸部、胸部、腹部、腰部、身側、臂側、套於手臂、放置於手臂、放置於手上、腿上，腿側、腳上、腳端等，有些墓葬出土多件玉璧，有些擺放位置相近，大部分情況每件玉璧的擺放位置都不一樣，也有的墓葬中墓主人身周都有擺放玉璧。但是綜合新石器時代玉璧的出土位置，主要有以下幾種情況：

　　1. 頭部

　　玉璧在墓葬中放置於墓主人頭部，或位於頭部兩側，或位於頭部附近。紅山文化晚期有些玉璧出自頭部位置，多位於頭部兩側，而且這類玉璧一般器形較小，直徑一般小於 10 釐米。崧澤文化出土的小型圓璧，多放置在頭部。良渚文化常熟羅墩遺址 M3 墓主人頭部枕著 1 件玉璧〔註255〕。齊家文化有個別

〔註253〕孫周勇，陝西周原遺址齊家作坊環玦穿孔技術研究〔A〕，鄧聰，澳門黑沙史前輪軸機械國際會議論文集〔C〕，澳門澳門特別行政區民政總署文化康體部，2014：302～323。

〔註254〕張之恒，環砥石與穿孔技術〔J〕，華夏考古，2001（4）；孫周勇，陝西周原遺址齊家作坊環玦穿孔技術研究〔A〕，鄧聰，澳門黑沙史前輪軸機械國際會議論文集〔C〕，澳門：澳門特別行政區民政總署文化康體部，2014：302～323。

〔註255〕蘇州博物館，常熟博物館，江蘇常熟羅墩遺址發掘簡報〔J〕，文物，1999（7）：19。

墓葬中放置於頭部位置，如喇家遺址 M17 墓主人頭部放置 2 件玉璧。

2. 頸部

　　玉璧在墓葬中放置於頸部，一般平置於頸部，或頸部附近。大汶口文化早中期墓葬中，圓璧多位於頸項部，但多為小型圓璧。野店遺址 M28、M88 出土的石璧放置在墓主人頸下。有些玉璧是成組出土，應該是組合使用的。如野店遺址 M22 墓主人頸部出土一組玉璧，由 9 件小型圓璧，1 件四聯璧，1 件雙聯璧及 1 件墜飾組合而成。大汶口遺址 M47 墓主人頸部也出土了一組玉璧，由 11 件小型圓璧組合而成。紅山文化晚期也有少數玉璧見於下頜位置，如牛河梁遺址 N16M1。小河沿文化中玉璧的擺放位置較為規整，一般放置於頸下或者套於手臂，偶而見於膝部。譬如大南溝遺址 83 座墓葬中有 26 座墓葬中出土玉璧環，一般為一座墓葬出土 1 件，個別出土 2 件。有些墓葬為二次葬，隨葬位置不太明確，有明確出土位置的玉璧，其中 11 件見於頸下，而且玉璧的璧面皆無鑽孔。

3. 胸腹部

　　玉璧放置於墓主人胸腹之間，也包括腰部。東北北部地區經考古發掘出土的玉璧數量較少，明確有出土位置的多見於腰部或胸部。如李家崗子的方璧就出自其中一位墓主人的腰部；滕家崗子遺址的玉璧出自墓主人胸部。野店遺址大汶口文化中期文化遺存中 M47 隨葬玉璧環 15 件，分 3 堆放置於墓主人胸部兩側〔註256〕。膠縣三里河遺址大汶口晚期墓葬中出土的 3 件牙璧皆放置於墓主人胸部。良渚文化墓葬中，有些墓主人胸腹部會擺放 1 到 2 件玉璧。紅山文化晚期偏晚階段的玉璧有些也放置於墓主人腰部或胸部，如牛河梁遺址 N16-79M2，一件放置於胸部，1 件放置於腰部。晉西南清涼寺墓地中有少數有殉人的墓葬，在墓主人胸部放置玉璧 1 件，如 M53、M29。夏家店下層文化中玉璧數量很少，以大甸子墓地為例來看，出土了 5 件玉璧皆放置在墓主人腰部。齊家文化玉璧多放置於胸腹部，如皇娘娘臺 M38 男墓主人腰腹部放置 3 件玉石璧，女墓主人腰腹部放置 2 件玉石璧，秦魏家 M75 胸部放置玉石璧 1 件，喇家遺址 M2、M11、M17 出土玉璧都放置於墓主人胸腹部。陝西地區大致屬於夏紀年時期的「老牛坡類型遠古文化」的墓葬中出土玉石璧，多放置於胸腹部之間，如老牛坡遺址 M1 中墓主人胸腹部放置石璧 4 件，排成一列〔註257〕。

〔註256〕山東省博物館，山東省文物考古研究所，鄒縣野店〔M〕，北京：文物出版社，1985。

〔註257〕劉士莪，老牛坡〔M〕，西安：陝西人民出版社，2002：53～56。

4. 手臂

玉璧放置於手臂上，手臂一側或套於手臂、手腕上。出自手臂的玉璧有大型圓璧、方璧、牙璧、璜聯璧等多種璧類，一般是套於或放置於手臂或手腕上。大汶口文化中期偏晚開始，玉璧多見於墓主人手臂，以套於手臂的最為多見。焦家遺址已公布資料中，玉璧基本都出自墓主人手臂。晉西南地區的清涼寺墓葬、陶寺墓地、下靳墓地出土玉璧，包括大型圓璧、璜聯璧、方璧、方牙璧，一般都套於墓主人手臂或放置於手臂上。大南溝小河沿文化墓葬中就有 7 件玉璧是套於手臂上的。

5. 腿部及腳部

玉璧放置於墓主人下肢，有腿部、腳部或腳端。良渚文化玉璧出土的位置比較多，多放置於墓主人下肢或腳端。瑤山遺址中未出土玉璧。反山遺址出土玉璧 125 件，大部分都放置在下肢或腳端。如 M23 出土玉璧 54 件，墓內北端10 餘件玉璧為一摞，擺放了數摞。匯觀山 M3 的 4 件玉璧都放置在下半身，M1 的 1 件玉璧則放置在腳端。齊家文化皇娘娘臺遺址 M48 中男性墓主人身體覆蓋玉石璧 83 件，放置於腹部及下肢部分。

6. 身側

玉璧放置於墓主人身側，主要見於良渚文化中。如吳家場墓地 M204，玉石璧列置於身側一線，從頭端至腿部〔註258〕。邱承墩遺址 M5 的墓主人身側排列放置 9 件玉石璧，排列整齊。

7. 全身

有些墓葬出土玉璧的數量比較多，10 數件，甚至更多，分散放置於墓主人的頭端至腳端的位置，這種情況在紅山文化晚期、良渚文化中有少量發現。良渚晚期寺墩遺址 M3 出土玉璧 24 件，其中 17 件璧分佈在墓主人的頭端至腳端。紅山文化晚期 N2Z1M21 出土了 10 件玉璧，陳放於墓主人周身各部位，頭部兩側各 1 件，頸部 1 件，左右臂內側各 1 件，左右手各 1 件，左側腰部 1件，左右小腿下 2 件。

8. 棺槨

有的玉璧放置在棺或槨上。在良渚文化中有發現。如廟前遺址 M7，其中 1

〔註258〕浙江省文物考古研究所，南京博物院，上海博物館，良渚考古八十年〔M〕，
　　　　北京：文物出版社，2016：236～247。

件玉璧疊壓在腳端隨葬陶器之上，推測可能原先是放置於棺或槨上〔註259〕，棺槨腐朽後落於陶器之上。福泉山遺址 M60 也有類似的情況。高城墩遺址 M5 中出土於腳端的 1 件玉璧向上的一面疊壓了棺板所飾朱砂（漆？）〔註260〕，也可能是疊壓了棺槨板的朱痕〔註261〕。良渚文化中期開始，玉璧見於棺內、棺外，是否放置於槨外尚不明確，晚期時棺內、棺外、槨外皆有放置玉璧的情況〔註262〕。

9. 其他

除過以上梳理的一些出土位置之外，還有一些其他情況，可能與一些墓葬在埋葬過程中的儀式或習俗有關，並不十分系統，只是有些線索。如齊家文化喇家遺址 M17 的填土中出土 2 組璜聯璧和璧芯，雖然並不在同一層位出土，但是其中一組出土時完整且直立，另外一組璜聯璧三璜疊放。少卿山遺址的祭祀坑（M9）內出土了 6 件玉璧、4 件鉞、1 件斧。陝西商洛東龍山遺址二里頭文化遺存中 M43，據墓口約 0.2 米的填土中，沿墓壙兩側各栽立玉石璧 8 件，排列有序。同類的情況在陝西神木新華遺址也有發現，遺址 K1 中出土豎立玉器 36 件及少量鳥禽骨骼，玉石器有刃的刃部朝下埋入填土，無刃者薄面朝下，36 件玉器分 6 排豎立，但是每排的玉石數量不等，但是各器物間基本平行。K1 位於墓葬區，遺址的墓葬中基本沒有隨葬品，玉石器只發現 3 件，發掘者將其命名為祭祀坑，推測與祭祀活動相關〔註263〕。

這些情況說明在這一階段可能已經出現一些與喪葬相關的祭祀和儀式。

二、擺放方式

通過對玉璧在墓葬中的出土情況進行梳理，可以將玉璧的擺放方式大致歸納為以下幾種情況。

1. 放置

玉璧在出土時多置於屍骨之上，可見水平放置是新石器時代至夏紀年時

〔註259〕 方嚮明，中國玉器通史：新石器時代南方卷〔M〕，深圳：海天出版社，2014：203。

〔註260〕 江蘇高城墩考古隊，江陰高城墩遺址發掘簡報〔J〕，文物，2001（5）：4～21。

〔註261〕 方嚮明，中國玉器通史：新石器時代南方卷〔M〕，深圳：海天出版社，2014：203。

〔註262〕 徐世煉，長江下游地區史前時期用玉習俗初步研究〔D〕，北京：北京大學，2004：

〔註263〕 陝西省考古研究所，榆林市文物保護研究所，神木新華〔M〕，北京：科學出版社，2008。

期玉璧最主要，也是最為多見的擺放方式。放置的位置也比較多，頭端、頸部、胸腹部、下肢、腳部、手臂、身側等，還有的放置於棺槨之上。除了水平放置還有堆放，疊放等，良渚文化反山遺址的墓葬中出土玉璧數量有數十件，一般分堆堆放於腳端。齊家文化皇娘娘臺墓地中有些玉璧堆放於墓主人下肢部分。這些情況都不是簡單的放置，可能與一定的儀式或習俗相關。

2. 佩繫

出土在頭部和頸部的玉璧，尤其是小型玉璧，可能多與頭飾、項飾等相關。頭部出土的小型圓璧，可能與頭飾或帽飾相關。如野店遺址 M22 頸部出土了一組玉璧組合，皆為小型圓璧，其中的四聯璧體型較小，應與其他小型圓璧用途相同，可能為串飾，佩戴於頸部。大汶口遺址的同類器物的使用應該相近。

出土於胸腹部的部分玉璧可能也與佩戴相關。紅山文化晚期出土的玉璧璧面上多有小孔，有些可能穿繫佩戴於胸部。大致同一時間段的哈民忙哈遺址、凌家灘遺址出土玉璧上也多有小孔，哈民遺址的與紅山文化比較相近，多在璧面上端近外緣處鑽 1 個或 2 個小孔，吉平、鄧聰曾根據小孔的磨損方向及形狀對哈民忙哈遺址出土的 1 件帶 2 個小孔的玉璧做了佩繫復原（圖 18），可能代表了其中一種懸繫方式〔註264〕。

圖18　哈民遺址玉璧 F46：7 懸繫方式復原

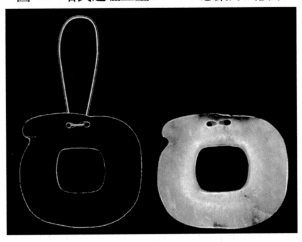

放置於手臂附近的玉璧多套於手臂上，有的套於單側手臂，有的兩側手臂都有，有的為單件，有的為一組，一組中既有大型玉璧也有璜聯璧，還有牙璧。如清涼寺墓地 M54，墓主人右臂上佩戴 6 件玉璧。

〔註264〕吉平，鄧聰，哈民玉器研究〔M〕，北京：中華書局，2018：255。

3. 縫綴

凌家灘遺址出土的部分玉璧璧面的內外緣處鑽有數個小孔，推測可能與縫綴使用相關。俄羅斯文化中曾復原了一組頭部玉璧的使用情況，3 件小型圓璧分別縫綴於帽子的兩側與額頭位置。

4. 鋪陳

寺墩遺址 M3 中墓主人頭端至腳端發現有玉璧 17 件，這些璧下面沒有其他器物，璧上面疊壓了鉞，鉞上又疊壓了琮，推測這些玉璧很可能是置於墓主人身下的〔註265〕。反山墓地中的有些玉石璧，總是出在屍骨的背腹之下，朝上一面多發現有黏接的朽骨〔註266〕，可能是之前鋪墊於墓主人身下的。這些玉璧一般數量比較多，成片出現。

5. 栽立

栽立於填土中，從現有的發現來看，並不普遍，應該與墓葬的葬俗或祭祀儀式相關。如東龍山遺址 M43 的填土中發現石璧 21 件，埋藏位置與墓葬二層臺層位接近，可能為環繞木棺栽立〔註267〕。

6. 砸碎

玉璧斷裂成數塊，散佈於墓內。玉璧一般為透閃石玉，質地堅硬，而且玉璧散於墓內各處，正常斷裂出土時應位於一處，應是故意砸碎或弄碎，可能與碎物葬等一些葬俗有關。寺墩遺址 M3 出土的 24 件玉璧中其中 5 件斷裂成數十塊，這類玉璧可能是放置於槨蓋上〔註268〕。

三、玉璧的使用組合

玉璧出土時的隨葬組合也是當時使用方式的重要方面。通過對出土情況的梳理，玉璧的使用組合有單件使用、成組使用、組合使用等 3 種情況，而且隨葬組合有些考古學文化中也比較有規律。

〔註265〕 徐世煉，長江下游地區史前時期用玉習俗初步研究〔D〕，北京：北京大學，2004：42。

〔註266〕 王明達，反山良渚文化墓地初論〔J〕，文物，1989（12）。

〔註267〕 陝西省考古研究所，商洛東龍山〔M〕，北京：科學出版社，2011，方嚮明，周曉晶，中國玉器通史：新石器時代北方卷〔M〕，深圳：海天出版社，2014：233～240。

〔註268〕 徐世煉，長江下游地區史前時期用玉習俗初步研究〔D〕，北京：北京大學，2004：42。

首先是玉璧自身的使用組合。主要有 3 種情況：一是單件使用，從玉璧的出土情況看，玉璧單件使用的情況最為多見，一般單獨放置於墓主人身體的某個部位。二是成組使用，如墓葬中發現的玉璧堆放、鋪陳、排列等現象，都是同類玉璧的成組使用。大汶口文化晚期、晉西南龍山文化、陝北龍山文化時期的各遺址中，有些玉璧成組使用，多件套於手臂之上。三是組合使用，玉璧在墓葬中還有與其他玉器組合出土的情況。如大汶口文化野店遺址、大汶口遺址發現的串飾，就是小型圓璧、四聯璧等的組合使用。

其次是玉璧與其他玉器的伴出組合。玉璧在出土時有時與其他玉器一同伴出，應該存在一種使用組合。

1.璧匕組合：璧匕組合出現比較早，而且主要流行於東北北部地區。最早出現玉器的東北北部地區最早與玉璧同出的組合就是玉匕。小南山遺址早期墓葬中出土玉器組合有玉璧、匕、彎條形飾、管、珠等，1991 年發現並追繳的一批玉器，以玉璧、玦、匕、珠等為組合（圖 19），時間較早期晚，大約距今 8000～6000 年前後。後套木嘎遺址三期遺存中墓葬 M92 出土玉器的組合也為玉璧、匕，時代為距今 6500～5500 年前後。哈民忙哈遺址的玉器基本出自房址中，玉器基本為墓主人隨身佩戴，雖然並非出自一個主人，但是玉器的主要器類為璧、匕、彎條形飾，及管、珠等，時代在距今 5500～5000 年前後。

圖 19　小南山遺址早期墓葬出土玉器

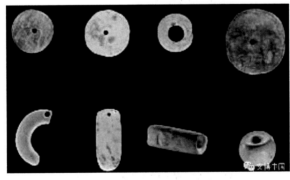

2.璧鐲組合：紅山文化晚期墓葬的玉器組合中，璧、鐲是相對比較固定的組合。以牛河梁遺址為例，有 11 座墓葬隨葬玉璧，其中 10 座墓璧、鐲伴出，一般只見於女性墓葬和二次葬，如牛河梁Ⅲ M3、Ⅱ M7、M11 等〔註 269〕。

〔註 269〕遼寧省文物考古研究所，牛河梁紅山文化遺址發掘報告（1983～2003 年度）〔M〕，北京：文物出版社，2012，周曉晶，紅山文化玉器研究〔D〕，長春：吉林大學，2014：附表一。

3.璧鉞組合：璧鉞組合開始主要流行於長江下游地區，距今 5500～4600
年前後。凌家灘遺址墓地出土玉石器中玉璧多與鉞、璜、環同出。福泉山遺址
良渚文化墓地中玉璧多與鉞、琮同出，6 座隨葬玉璧的墓葬中有 4 座為璧、鉞
組合，3 座為璧、鉞、琮組合。龍山文化時期，海岱地區、晉西南地區、陝北
地區各遺址中出土玉器的組合為玉璧多與鉞或鏟伴出。陶寺墓地中前三類墓
葬的隨葬組合多以璧、鉞為基礎組合，另配有成套石斧、錛、玉琮、梳等。清
涼寺墓地的多座墓葬的玉器隨葬組合為璧鉞，如 M135。

4.小型圓璧璜組合：小型圓璧、璜、管等形成組合，多分布於墓主人頸胸
部，主要流行於長江下游地區北陰陽營文化。北陰陽營遺址出土小型圓璧的 9
座墓葬中有 7 座伴出玉璜，可見小型圓璧與璜是相對固定的組合〔註270〕。

5.璧鉞與刀組合：璧鉞刀或璧鏟刀的組合多見於晉西南、晉西、陝北等地
區廟底溝二期、龍山文化時期的墓葬中。如清涼寺墓地廟底溝二期墓葬 M27、
M46、M61、M145 等多座墓葬組合就為璧、鉞、多孔刀。甘青地區宗日遺址
與齊家文化早期基本同時，曾發現有璧刀的組合形式〔註271〕，由於齊家文化
玉器多為採集、徵集，所以玉器的組合併不十分明晰。但是作為玉器的主要器
類璧、鏟、刀等，應該也存在一定的組合形式，尚需進一步的考古工作。

6.璧琮組合：璧琮組合多見於齊家文化東部及中部地區（涇渭上游、洮河
大夏河流域），組合以璧琮為主。如天水師趙村遺址 M8 出土了一組璧琮組合，
雖然對 M8 的性質尚有墓葬還是祭祀坑的爭議，但是璧琮組合形式是毋庸置疑
的。齊家文化在靜寧縣採集的「靜寧七寶」就為璧與琮的組合，玉璧體量較大，
製作較規整，玉琮為高節琮，其中 2 件還琢磨有瓦溝紋、弦紋，在齊家文化中
僅此一例，更顯示出璧琮組合的特殊性。

7.璧與其他玉器組合：齊家文化喇家遺址 M17 墓主人頭部堆放玉璧、玉
管各 2 件，玉環、紡輪各 1 件，可能存在一定的組合關係。喇家遺址 2000M2
中出土的 1 件玉璧與 2 件小鑿形器、1 件片狀玉料一併放置於墓主人胸部右
側。2002M12 墓主人胸部放置玉璧及玉管各 2 件〔註272〕。清涼寺廟底溝二期
M61 中出土中孔較小的大型圓璧，形製雖與良渚式玉璧相近，但外緣磨薄為

〔註270〕徐世煉，長江下游地區史前時期用玉習俗研究〔D〕，北京：北京大學，2004：
　　　　27。
〔註271〕閆亞林，西北地區史前玉器研究〔D〕，北京：北京大學，2010：41。
〔註272〕葉茂林，齊家文化玉器研究——以喇家遺址為例〔A〕，張忠培，徐光冀，玉
　　　　魄國魂（三）〔C〕，北京：北京燕山出版社，2008。

刃邊。但是未放置於胸腹部，而是與其他玉璧一樣，套於手臂之上。

綜上，玉璧在新石器時代至夏紀年時期的隨葬組合比較多樣，以上的幾種組合是其中相對比較固定的。在使用過程中，大型圓璧與方璧沒有區別使用，而是共同使用，可見兩者在功能上沒有本質的區別。方璧與大型玉璧同出，如牛河梁 N2Z1M21：16，小腿骨下共出 2 件玉璧，1 件形製較規整，一件為方圓形。而且紅山文化晚期出土玉璧基本上璧面都帶小孔，有 1 個也有並列 2 個的，一般認為可能與玉璧的縫綴使用有關。根據俄羅斯的復原圖片，有些玉璧直接縫綴於髮帽的兩側及額頭位置，為如何復原出土時位於頭部及頸部的玉璧的原始位置提供了信息。出土時髮帽的小型圓璧仍在頭部兩側，但是額頭的玉璧滑落至頸部（圖 20）。但是從紅山文化所見玉璧的器形看，有小型圓璧，也有大型圓璧，還有方璧，玉璧的直徑最大可達 17.3 釐米，體量比較大，而且玉璧的質地多為透閃石玉，有一定的重量，如果靠璧頂部的兩個小孔縫綴於衣物上，可能並不能很好地固定。可能這類玉璧並非只縫綴於衣物，也可能在有需要時直接佩戴或懸掛使用，是禮儀或與祭祀相關的玉器種類。

第六節　新石器時代至夏紀年時期玉璧的功能

關於玉璧的功能，學術界已經有較多的討論，有祭天的禮器、權位等級的標誌、財富的象徵、美好祥瑞的佩飾等，通過對新石器時代玉璧使用的梳理，玉璧主要有以下觀點：

一、佩飾

從新石器時代玉璧的出土位置來看，出土自頭部、頸部及手臂位置的玉璧數量比較多，而且在東北北部、燕遼、海岱及中原、甘青地區流行。尤其是小型圓璧，多出自頭頸部，還多有組合，在實際使用中直接佩戴，為佩飾。

二、身份、地位的象徵

在新石器時代至夏紀年時期各文化中出土玉器的墓葬僅占墓葬總數的很小一部分，一般出土玉器的墓葬，隨葬品數量較多，墓葬的規模也較大，體現出這一類型墓葬的特殊性。而且新石器時代各時期墓葬中的存在一定的等級差異。如武威皇娘娘臺遺址共清理墓葬 88 座，僅有 24 座墓葬中隨葬玉石璧，

單座墓葬中最多出土 83 件，少者只有 1 件〔註273〕。再如牛河梁 N2M21 是其中最大的一座墓葬，玉璧就出土 12 件，其中 10 件玉璧分別放置於墓主人頭部兩側、臂骨兩側、大腿骨外側及小腿骨下面，體現出非同一般的特殊性。良渚文化中體量比較大的玉璧，直徑在 15 釐米以上，製作精緻，多放置於大型墓葬墓主人的胸腹部。這些信息都體現出玉璧在象徵身份、地位中的特殊意義。

三、溝通天地、神靈的法器

有學者認為紅山文化中的玉璧應是薩滿縫綴於神服上的神器。紅山文化的玉璧多數在璧面上有小孔，可以縫綴於神服的任何部位，頭部對稱出土的玉璧，可能是縫綴於神帽上的法器〔註274〕。良渚文化玉璧可能是巫師的法器——打擊樂器〔註275〕。俄羅斯公元前 3、4 千紀之交的格拉茲科沃文化中曾發現一批透閃石玉璧，這些玉璧被認為是巫師禮服的衣飾或頭飾〔註276〕。為小型圓璧的使用提供了參照（圖 20）。再如良渚文化 M22 中玉璧上琢刻著神人獸面紋，這類玉璧的用途應當與遺址中比較常見的直徑在 15 釐米左右的玉璧是有所差別的。這些玉璧可能為某種祭祀或禮儀用器，具有特殊的功能與意義。

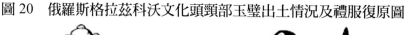

圖 20　俄羅斯格拉茲科沃文化頭頸部玉璧出土情況及禮服復原圖

圖片採自科米薩羅夫《俄屬東北亞古代玉器》

〔註273〕楊芸芸，武威皇娘娘臺遺址出土玉石璧研究〔J〕，隴東學院學報，2015（7）：74～78。

〔註274〕周曉晶，紅山文化玉器研究〔D〕，長春：吉林大學，2014：88～89。

〔註275〕黃建秋，幸曉峰，良渚文化玉璧功能新探〔J〕，東南文化，2008（6）：58～63。

〔註276〕謝爾蓋·A·科米薩羅夫，俄屬東北亞古代玉器〔A〕，鄧聰，東亞玉器（Ⅱ）〔C〕，香港：中國考古藝術研究中心，1998：250～279。

四、財富貨幣

「財富象徵說」最早在反山發掘簡報中提出，發掘者認為擁有不具實際用途的物品實際上是顯貴的標誌，玉璧是當時的權貴們財富的一種象徵〔註277〕。玉器在各考古學文化中佔有重要的地位，玉璧作為其中的主要器類主要集中發現於少數人的墓葬中，而且多成組出土，有些墓葬中甚至出土數十件，在新石器時代至夏紀年時期玉料缺乏的狀況下，玉璧作為財富的象徵物的觀點是學界比較認同的。

玉璧的貨幣說從良渚文化大量玉璧的發現伊始就開始被學術界提起，齊家文化皇娘娘臺遺址墓葬中大量玉石璧及玉石片的發現、陝北及甘青地區剖切超薄的玉器的大量發現，都被解釋為與貨幣相關的功能。

玉璧若為貨幣，首先需要一定的流通儲備，也就是必須有一定的數量。新石器時代出土大量玉璧的考古學文化主要有紅山文化、良渚文化、大汶口文化、中原龍山文化、齊家文化等，其中以良渚文化、齊家文化中所見最多。良渚文化據不完全統計，玉璧的數量有近 400 件〔註278〕。齊家文化出土的玉石璧超過 500 件〔註279〕，數量有限，而且出土比較集中，如皇娘娘臺遺址 M48 就隨葬了玉石璧 48 件，而其他遺址中一般僅有數件，可見玉璧並不具有似貨幣流通的儲備量。而且新石器時代至夏紀年時期各個階段各個地區有各自獨特的玉文化，但是延續時間有限，一般只流行於一個考古學文化中，在同一區域沒有很好地延續，因此也不具備與貨幣相類的普及性和認同性。因此玉璧可能在新石器時代至夏紀年時期並不具備貨幣的功能。

五、隨葬

汪遵國就良渚文化大型墓葬中玉器集中出土的情況提出「玉殮葬」。良渚文化中的大部分成堆放置的玉璧大小不一，厚薄不勻，邊緣不規則，多數未經細緻拋光，中孔內壁多留有管鑽的旋紋和接茬臺痕。發掘者認為製作比較粗糙

〔註277〕浙江省文物考古研究所反山考古隊，浙江餘杭反山良渚墓地發掘簡報〔J〕，文物，1988（1）：1～31，97～101，王明達，良渚文化玉璧功能考述〔A〕，南宋錢幣博物館，良渚文化玉璧研究論文集〔C〕，1998：1～8。

〔註278〕據劉偉的統計，良渚文化中出土玉璧的數量有 356 件，這個數據是以 2008 年之前的考古資料進行的，2008 年之後福泉山遺址 2010 年發現玉璧 3 件。

〔註279〕據閆亞林統計，甘青地區齊家文化出土玉石璧及玉瑗約 550 餘件，其中還不包括玉璧芯。

的玉璧為墓主人死後匆忙趕製，為奉獻的禮玉〔註280〕。這類的玉璧一般都鋪設或成組放置於墓葬中，可能為斂屍用璧。反山遺址、紅山文化、齊家文化中皆發現有周身放置玉璧的情況，這些玉璧不可能皆為生前佩繫，應與墓葬隨葬玉璧習俗或一定的下葬祭祀活動相關。

六、樂器

《周禮·春官·大司樂》記載：「以六律、六同、六聲、八音、六舞、大合樂，以致鬼神，以和邦國，以諧萬民，以安賓客，以悅遠人，以作動物。」通過對新石器時代至夏紀年時期各遺址中出土玉璧，尤其是齊家文化皇娘娘臺墓地、良渚文化反山遺址等遺址出土的成組玉石璧的聲學特徵研究，認為成組出土的玉石璧具有良好的音樂性能，可以作為祭祀樂舞活動中的打擊樂器使用〔註281〕。

綜上，新石器時代玉璧的功能可能是多樣的，並不局限於其中的一種功能。玉璧作為美石製品，是古代人對美的追求，是當時審美觀念的象徵。玉作為珍稀礦產，是當時非常珍貴的資源，在開採、製作及流通中耗費了大量的人力與物力，因此絕非聚落中的一般人可以擁有，考古發現也驗證了這一點，有玉器使用傳統的各考古學文化中大量的玉器集中於少數人之手。可見玉璧既是美的象徵，也是身份的象徵。玉璧作為當時非常珍貴的器物，在使用中難免會被賦予各種特殊的功能與含義。《周禮·春官》有記「以玉作六器，以禮天地四方。以蒼璧禮天，以黃琮禮地，……圭璧，以祀日月星辰。」在崇尚自然之靈的燕遼地區，玉璧可能是與薩滿相關的一類法器；在崇尚祭祀的長江下游地區，玉璧可能是與祭祀活動相關的祭器。在這一階段，玉璧已經具有了一定神器和祭器的意義和功能，但是由於發現的玉璧多出自墓葬，而且墓葬數量並不太多，對於玉璧使用及功能方面的研究尚需要新的考古資料的補充與進一步分析。

〔註280〕 王明達，良渚文化玉璧功能考述〔A〕，南宋錢幣博物館，良渚文化玉璧研究論文集〔C〕，1998：1～8。

〔註281〕 沈博，玉石璧的音樂性能及祭祀功能研究〔D〕，成都：四川省社會科學院，2016，幸曉峰，三星堆遺址出土玉璧的祭祀功能和音樂聲學特徵（上）〔J〕，中華文化論壇，2004（4），幸曉峰等，甘肅武威皇娘娘臺遺址出土玉石璧音樂聲學性能初步研究〔J〕，中國歷史文物，2008（4）：39～48，幸曉峰等，良渚文化反山遺址出土玉璧音樂聲學特徵的初步探討〔J〕，中華文化論壇，2008（2）：103～107。

第七節　新石器時代至夏紀年時期玉璧的分期與特徵

新石器至夏紀年時期是玉璧產生與定型的重要階段，在玉璧 9000 餘年的發展歷史中，這一階段就佔據了其中的 5000 餘年。在 5000 年間，玉璧經歷了萌芽、產生、整合階段，並最終定型。梳理已有的考古發掘及徵集、採集資料，結合玉璧的型式及發展演變，新石器時代至夏紀年時期玉璧大致可分為 4 期：

1. 萌芽期：距今 9000～7500 年前後

這一階段，出土玉璧的遺址數量特別少，有小南山、白城雙塔等遺址，集中分佈在東北北部地區，並以小南山遺址為代表。玉器的種類僅有小型圓璧一種，玉璧製作比較簡單，器形較小，多小於 5 釐米。磨製成形，中孔有管鑽和桯鑽成形兩種方式，鑽孔技術較嫻熟。出土玉璧從器形與製作方式上應存在早晚差別，因一定數量的玉璧為採集品，因此進一步的分期認識有待新的考古發現資料。玉璧種類雖然簡單，數量卻不少。僅小南山遺址就出土玉璧數十件，且皆出自墓葬，成組、成批使用，應不全為隨身佩繫，可能已經有相對比較明確的使用或佩戴方式，體現出當時的一定的使用習俗，具有更深層次的意義。另外這一階段玉璧多與玉匕伴出，應為早期玉璧的一種組合形式。

2. 初創期：距今 7500～5500 年前後

這一階段玉璧的數量增加，而且玉璧的種類也豐富起來，大小型圓璧、方璧、牙璧、聯璧，在距今 7500 年左右先後出現。發現玉璧的遺址範圍也有所擴大，不僅在東北北部地區有了廣泛的分布，並且在海岱地區也有了零星發現。玉璧的器形增大，超過 5 釐米，但是小型圓璧仍然存在。大型玉璧的形製尚不規整，多為方圓形或不規則形。內外邊緣多磨薄，呈刃邊，反映出這一階段玉璧在製作工藝中的改變。人們在玉璧製作中投入了更多的時間與精力，磨製刃邊所需要的工藝更複雜，時間更長。由於這一階段發現的玉璧多為採集品，因此對玉璧的使用探討不能深入。

3. 整合期：距今 5500～4500 年前後

在這一階段，發現玉璧的遺址數量、分布範圍、玉璧的數量都有大幅度的增長。玉璧在長江中下游地區、黃河中下游地區及燕遼地區都有普遍的發現。

玉璧在發展中交流、整合，在距今 5500 年前後，玉璧的製作逐步形成了三大體系，以燕遼地區紅山文化晚期、海岱地區大汶口中晚期為代表的中孔管鑽磨製成形體系，以東北北部地區哈民忙哈遺址玉璧為代表的中孔軸心旋截

磨製成形體系，以長江下游地區良渚文化玉璧為代表的剖切管鑽成形體系。

紅山文化晚期玉璧承繼東北北部早期玉璧的器類及製作方式，玉璧的主要器類小型圓璧、大型圓璧、雙聯璧、方璧等都得到延續，並形成玉璧製作的獨特傳統。這一製作傳統以管鑽中孔，璧面外緣磨薄，成刃狀為特點。這一製作傳統為海岱地區所沿用，海岱地區大汶口中晚期發現的玉璧主要是刃邊的形式，玉璧環一般套於手臂，可見玉璧在這一階段發展出新的使用方式。

哈民忙哈遺址出土玉璧多為中孔軸心旋截技術成形，中孔的成形方式一般使用多種方法成形，與同時期的其他兩種體系有很大區別。器物內外邊緣皆經磨製修整，內外緣皆為刃邊。器形不甚規整，拋光技術精湛，玉璧璧面多有鑽孔。這一體系分布範圍有限，可能是受到東西伯利亞地區格拉茲科沃文化玉環製作技術的影響。

良渚文化玉璧以剖切並管鑽技術成形，中孔亦管鑽。因用切割技術成坯，管鑽成形，因此器形規整，厚薄較勻或一邊薄、一邊厚，符合剖切的特徵。外廓及中孔管鑽成形後修整，邊緣平齊。

這一階段墓葬所出玉璧的使用在擺放位置、隨葬組合等方面已經有一定的規律，玉璧主要擺放在頭部、頸部、胸腹部及手臂位置，玉璧多與鐲、鉞、璜等器物同出，應是存在一定的器物組合，在使用中有放置、佩繫、縫綴、鋪陳等多種形式，可見這一階段玉璧已形成一定的用玉習俗。

4. 定型期：距今 4500～3900 年前後

在這一階段玉璧得到空前的發展，分布範圍遍及黃河、長江流域，北至東北北部地區，南至長江下游地區，東可至閩粵地區。上一階段發展起來三大體系的中心區域玉文化逐漸衰落，僅海岱地區龍山文化仍有玉璧發現，但發現玉璧的地點、數量都有陡減。距今 4500 年開始晉西南清涼寺墓地、陶寺、下靳墓地集中出土一定數量的玉璧，成為玉璧使用的又一個中心。與此同時，西北地區齊家文化中玉璧也發展為其特色器類，形成玉璧的又一個使用中心。

新出現璜聯璧，玉璧的各個種類在這一階段已全部出現。玉璧在這一階段伊始，玉璧的璧面外緣多磨薄，斷面為楔形，後玉璧多為剖切成坯，不再進行磨薄修整，體現出玉璧在製作技術上的重要轉變。至此，玉璧的器形基本定型，製作方式也基本統一。玉璧剖切成坯，管鑽成形並修整，中孔管鑽成形。牙璧的三種類型完備，圓璧整合至切割成坯厚薄均勻的形態。圓璧、有領璧、牙璧的器形在其後的千餘年都未發生大的改變，聯璧消失。

　　玉璧在這一階段的伴出組合更為明確，有璧鉞、璧琮、璧刀等多種，擺放放置也出現栽立的情況，體現出與墓葬埋葬習俗或儀式相關的內容。大型圓璧與小型圓璧的功能分化，小型圓璧多為裝飾、佩飾使用，大型圓璧則向隨葬品、祭祀神器、身份象徵等更深層次的功能演化。

第三章　商代玉璧研究

第一節　商代的文化框架與背景

本章所涉及的內容包括商文化及與商文化同時期的其他考古學文化遺存。商文化是這一階段考古學文化的主要內容。

自 20 世紀 30 年代殷墟遺址發現發掘以來，對商文化的釐定與研究一直是學術界的熱點問題。隨著大量的遺址及墓地如鄭州商城、中州路、小雙橋、偃師商城、太清宮長子口墓、垣曲商城、黃陂盤龍城、滕州前掌大、青州蘇埠屯墓地等等的發現，什麼屬於商文化、商文化的內涵、哪些遺址的典型文化層屬於商文化、哪些屬於早商文化、哪些為中商文化等等問題的研究，學術界進行了激烈的討論。世紀之交，對商文化的認識逐漸趨於一致。

根據考古學文化分期研究成果，商文化根據時代早晚分為三個時期，商代早期、中期及晚期，各自稱為早商文化、中商文化及晚商文化。商文化的分布範圍在各時期有所拓展與回縮，最廣時北可至河北保定、山西晉中，張家口地區和晉北的忻州地區；西可至關中西部地區；南可達湖北石門、湖南岳陽地區；東面幾近海〔註1〕。早商文化以鄭州商城、偃師商城的主要遺存為代表，還包括了盤龍城第三、四期，王城崗遺址一至四層，垣曲商城一至四層，東下馮商

〔註1〕劉緒，商文化在北方的進退〔A〕，劉緒，夏商周考古探研〔C〕，北京：科學出版社，2014：168～176，劉緒，商文化在西方的興衰〔A〕，劉緒，夏商周考古探研〔C〕，北京：科學出版社，2014：177～183，劉緒，商文化在東方的拓展〔A〕，劉緒，夏商周考古探研〔C〕，北京：科學出版社，2014：184～194。

城一至四層等。遺存以二里崗期為代表，包括了二里崗下層一、二期及二里崗上層一期。中商文化以鄭州商城白家莊期（二里崗上層二期）為代表，還包括了盤龍城第五至七期、槁城臺西遺址早期墓葬、晚期墓葬與晚期居址，洹北商城等。晚商文化以安陽殷墟遺址為代表，其他代表性遺址有青州蘇埠屯、濟南大辛莊、滕州前掌大、羅山天湖、西安老牛坡、及靈石旌介村等遺址及墓地等。

商代玉璧的發現與研究以考古學文化為基礎，輔以地區及重要遺址點；以商文化區域輔以同時期其他地區的發現為順序進行梳理與分析研究。

第二節　商代玉璧的發現與研究

一、商文化地區

1. 鄭州商城

鄭州商城遺址位於河南省鄭州市，1955 年調查發現，先後進行了數十次考古發掘，主要地點有鄭州商城、人民公園、白家莊、南關外等，其中鄭州商城是早商文化最為典型的遺址。鄭州商城的文化遺存比較豐富，包含洛達廟期、南關外期等二里頭文化、先商文化，也有早商文化二里崗下層一二期、上層一期等，中商文化二里崗上層二期，晚商文化人民公園期。其中早商文化遺存最為豐富〔註2〕。

鄭州商城在洛達廟期就已經有零星的玉器發現，但是數量很少，主要有柄形器、綠松石飾等，這種狀態持續到南關外期、二里崗下層一期，至二里崗下層二期時玉器的數量略有增加，二里崗上層一期是發現玉器數量最多的時期，無論是玉器的種類還是數量都有大幅度的增加，二里崗上層二期時玉器的數量迅速減少。

二里崗上層時期各器類基本都有發現，如柄形器、璧、璜、琮、璋、戈、簪、鏟及各類玉飾及玉器，其中柄形器、戈、簪的數量最多，其次是璧、鏟、玉飾等。玉璧 7 件〔註3〕，有的出自地層、灰坑，還有出自窖穴，但是多數

〔註2〕中國社會科學院考古研究所河南第二隊，1984 年春河南偃師尸鄉溝商城小城發掘簡報〔J〕，考古，1985（4），中國社會科學院考古研究所河南第二工作隊，河南偃師商城小城發掘簡報〔J〕，考古，1999（2），河南省文物考古研究所，鄭州商城──1953～1985 年考古發掘報告〔M〕，北京：文物出版社，2001。
〔註3〕宋愛平，鄭州商城出土商代玉器試析〔J〕，中原文物，2004（5）：46～58。

出自隨葬有青銅器的墓葬中〔註5〕。鄭州商城中商文化時期未發現玉璧，但
出土了2件玉璜，從器形看，殘斷，兩端無鑽孔，有可能為玉璧殘片〔註5〕。
晚商時期仍有玉器出土，人民公園一期發現的玉器數量仍具有一定規模，有
40餘件，其中玉璧1件。人民公園二期時數量銳減，僅發現10餘件，玉璧
1件〔註6〕。

2. 黃陂盤龍城

黃陂盤龍城盤龍城遺址的文化遺存大致分為7期，一、二期屬於二里頭文
化，三至四期為早商文化，五至七期屬於中商文化〔註7〕。

盤龍城遺址的早商文化遺存中的23件玉器主要見於樓子灣、李家嘴及楊
家嘴遺址盤龍城第四期遺存中，主要器類為戈、柄形器、綠松石飾等。樓子灣
遺址中出土牙璧1件，器形並不規整，近方圓形，頂部殘缺，兩側較直，對稱
劃出一對齒牙，底部圓弧。中孔較大，器形上有些接近鉞或圓戚〔註8〕。

中商文化時期遺存中樓子灣、李家嘴、楊家灣、楊家嘴等遺址都有玉器出
土，玉器的數量較早商文化時期有所增加，玉器的種類仍以柄形器、戈、綠松
石飾為主，其中並沒有發現玉璧。但是楊家灣遺址盤龍城第七期遺存H6中出
土的1件玉璜為牙璧改制而成〔註9〕，算是有一點玉璧的痕跡。盤龍城最新發
現1件有領璧，直徑有22.2釐米，璧面上飾有同心圓紋，是中商時期體量最
大、時代最早的飾有同心圓紋的有領璧〔註10〕。

3. 西安老牛坡遺址

老牛坡遺址位於陝西省西安市東郊的灞河北岸，1985～1989年進行考古

〔註4〕喻燕姣，方剛，中國玉器通史：夏商卷〔M〕，深圳：海天出版社，2014：64
　　　～73。

〔註5〕河南省文物考古研究所，鄭州商城——1953～1985年考古發掘報告〔M〕，北
　　　京：文物出版社，2001。

〔註6〕喻燕姣，方剛，中國玉器通史：夏商卷〔M〕，深圳：海天出版社，2014：66
　　　～67。

〔註7〕中國社會科學院考古所，中國考古學：夏商卷〔M〕，北京：中國社會科學出
　　　版社，2003。

〔註8〕湖北省文物考古研究所，盤龍城——一九六三～一九九四年考古發掘報告
　　　（上、下）〔M〕，北京：文物出版社，2001。

〔註9〕湖北省文物考古研究所，盤龍城——一九六三～一九九四年考古發掘報告
　　　（上、下）〔M〕，北京：文物出版社，2001：293～294。

〔註10〕成都金沙遺址博物館，中國社會科學院考古研究所，玉匯金沙〔M〕，成都：
　　　四川人民出版社，2017：218。

發掘，以商文化遺存最為豐富。

　　商文化遺存可分為 5 期，一、二期分別相當於二里崗文化下、上層。一期中出土石璧 3 件，二期出土石璧 5 件〔註11〕。第三期遺存中發現石璧 6 件，時代約與殷墟一、二期相當。第四期遺存的居址中發現了一些玉石器，其中石璧 19 件；墓葬中出玉璧 1 件，玉環 1 件〔註12〕，第四期的年代大致與殷墟三、四期相當，下限似在帝辛早期〔註13〕。第五期年代似在帝辛亡國之後，遺存中沒有玉器的發現。

4. 安陽殷墟遺址

　　殷墟遺址位於河南省安陽市西北，1928 年至今考古工作一直有延續，僅在戰爭等特殊時期有所間斷。殷墟遺址以小屯為中心，還包括了周邊花園莊、西北岡、大司空村、後崗、郭家莊、劉家莊等地點。殷墟遺址的主體文化遺存屬於晚商文化時期，遺存可分為一至四期，第一期大致相當於武丁早期。

　　殷墟小屯附近的部分遺址時代可早至中商文化時期，其中就曾出土玉璧。殷墟小屯宮殿宗廟區乙七基址附近發掘的墓葬 YM232 中曾出土牙璧 1 件〔註14〕，丙區建築基址群北部 YM331 中出土殘環 1 件〔註15〕。據不完全統計，殷墟出土的商代玉器數量約有 2400 餘件〔註16〕，尚不包括國內各文博單位、私人收藏家的藏品。這一時期玉璧的數量和發現地點有所增加，但數量仍不多，有近 80 件。殷墟各地點中玉璧的出土情況如下表 1〔註17〕。

〔註11〕劉士莪，老牛坡〔M〕，西安：陝西人民出版社，2001。
〔註12〕劉士莪，老牛坡〔M〕，西安：陝西人民出版社，2001。
〔註13〕黃尚明，論老牛坡商文化的分期〔J〕，江漢考古，2003（1）。
〔註14〕石璋如，中國考古報告集之二小屯：第一本〔M〕，臺北：「中央」研究院歷史語言研究所，1973：丙編，殷墟墓葬之三，南組墓葬附北組墓葬補遺。
〔註15〕石璋如，中國考古報告集之二小屯：第一本〔M〕，臺北：「中央」研究院歷史語言研究所，1973：丙編，殷墟墓葬之五，丙區墓葬。
〔註16〕據唐際根、何毓靈、岳占偉的統計，殷墟出土的商代玉器約有 2600 件，其中包括了洹北商城的中商文化時期玉器。根據喻燕姣、方剛的統計洹北商城中的玉器數量約 157 件，那麼殷墟出土的玉器數量約有 2400 餘件。殷墟的統計數字是指 2005 年之前的發現，近些年的新發現未包含進去。
〔註17〕中國社會科學院考古研究所，安陽殷墟出土玉器〔M〕，北京：科學出版社，2005，喻燕姣，方剛，中國玉器通史：夏商卷〔M〕，深圳：海天出版社，2014：121～127，四川省文物考古研究所，三星堆祭祀坑〔M〕，北京：文物出版社，1999，朱乃誠，殷墟婦好墓出土有領玉璧與有領玉環研究〔J〕，江漢考古，2017（3）：109～118。

表1　殷墟各地點出土玉璧情況

地　點	玉　璧	合　計
婦好墓	圓璧 35、有領璧 22、牙璧 1、璜聯璧 1、有領牙璧 1	59
小屯宮殿區	璧 2	2
花園莊	有領璧 3、牙璧 1	4
西北岡王陵區	璧 21，有領璧 27	48
大司空村	璧 1、有領璧 2	3
殷墟西區	璧 4、有領璧 1、牙璧 1	6
高樓莊及薛家莊	璧 3	3
苗圃	璧 2	2
郭家莊	璧 6	6
劉家莊	璧 5	5
新安莊	有領璧 1	1

根據《中國玉器通史・夏商卷》修改

5. 青州蘇埠屯墓地

　　1931 年曾出土 2 組銅器，1956〜1966 年間，山東青州市（原益都縣）蘇埠屯清理了一處商代晚期墓地，發掘 2 座大型墓葬、2 座中型墓葬及 1 座車馬坑，出土玉器 138 件組[註18]。1986 年又清理商代墓葬 6 座[註19]。玉器主要出土於大型墓葬中，玉石質動物造型數量較多，另有玉戈、戚、柄形器等，其中有較完整的玉璧 2 件，還有一定數量的殘玉璧環[註20]。蘇埠屯墓地大致始於殷墟三期偏晚，沿用至殷墟四期，時代大致商代晚期偏晚（帝乙、帝辛）至西周初年[註21]。根據墓葬中出土的「亞醜」銘文推測，該墓地可能為亞醜

〔註18〕山東博物館，山東益都蘇埠屯第一號奴隸殉葬墓〔J〕，文物，1972（8），周婭娜，山東博物館藏蘇埠屯商代玉器〔A〕，中國社會科學院考古研究所，等，夏商玉器及玉文化學術研討會論文集〔C〕，廣州：嶺南美術出版社，2018：234〜240。

〔註19〕山東省文物考古研究所，青州市博物館，青州市蘇埠屯商代墓發掘報告〔A〕，張學海，海岱考古（第一輯）〔C〕，濟南：山東大學出版社，1989：254〜273。

〔註20〕周婭娜，山東博物館藏蘇埠屯商代玉器〔A〕，中國社會科學院考古研究所，等，夏商玉器及玉文化學術研討會論文集〔C〕，廣州：嶺南美術出版社，2018：234〜240。

〔註21〕郭妍利，也論蘇埠屯墓地的性質〔A〕，中國社會科學院考古研究所夏商周研究室，三代考古（三）〔C〕，北京：科學出版社，247〜271，朱乃誠，王方，夏商比翼，玉流四極〔A〕，成都金沙遺址博物館，等，玉匯金沙——夏商時期玉文化特展〔C〕，成都：四川人民出版社，2017：211〜229。

族的墓地，墓主人可能為商時方伯之類的人物。

6. 羅山天湖墓地

羅山天湖墓地位於河南省羅山縣天湖村，1979、1980、1985、1991 年先後進行了 4 次發掘，清理商代晚期墓葬 50 座，為一處商代晚期息族的貴族墓地。墓地共出土玉器 86 件組，其中玉璧 4 件〔註22〕。

7. 靈石旌介商墓

靈石旌介商墓位於山西省靈石縣旌介村，1976、1985 年發掘清理商代晚期墓葬 3 座，是商代晚期丙國貴族墓葬。其中兩座墓葬中出土有玉器，共 19 件，多為魚、鳥、鹿、兔、虎等動物造型，其中有玉璧 2 件〔註23〕。

另外槁城臺西遺址中商文化遺存中也曾出土玉璧〔註 24〕。河南正陽閏樓商代晚期墓地中發現 1 件帶領玉璧〔註25〕。

二、四川地區

四川盆地、峽江地區因地理地形的因素，形成一個相對獨立的文化區域，夏代晚期至西周、春秋時期的寶墩文化，以三星堆遺址、十二橋遺址為代表的三星堆文化，以金沙遺址為代表的後繼文化是分佈在成都平原及其周邊區域的主要考古學文化。

三星堆文化以三星堆遺址群為核心，最早的發現也始於玉器。1929 年，廣漢月亮灣村發現一處玉石器坑，考古工作至今一直持續進行，發現及出土玉器上千件，其中以 1986 年發掘的三星堆一號和二號祭祀坑最具代表性〔註26〕。

〔註22〕信陽地區文管會，羅山縣文化館，河南羅山縣蟒張商周墓地第一次發掘簡報〔J〕，考古，1981（2），信陽地區文管會，羅山縣文化館，河南羅山縣蟒張後李商周墓地第二次發掘簡報〔J〕，中原文物，1981（4），信陽地區文管會，羅山縣文管會，羅山蟒張後李商周墓地第三次發掘簡報〔J〕，中原文物，1988（1）：14～20，河南省信陽地區文管會，河南省羅山縣文化館，羅山天湖商周墓地〔J〕，考古學報，1986（2），河南省文物考古研究院，信陽市博物館，羅山縣博物館，河南羅山天湖商周墓地M57發掘簡報〔J〕，華夏考古，2016（2）：3～12。

〔註23〕山西省考古研究所，靈石縣文化局，山西靈石旌介村商墓〔J〕，文物，1986（11）：1～18。

〔註24〕河北省文物研究所，槁城臺西商代遺址〔M〕，北京：文物出版社，1985。

〔註25〕劉文閣，等，河南正陽閏樓商代墓地〔A〕，國家文物局，2009 年中國重要考古發現〔C〕，北京：文物出版社，2010。

〔註26〕2019 年 12 月，遺址在二號祭祀坑側新發現了三號祭祀坑，形製與出土器物與二號祭祀坑十分相近，但是由於資料尚未發表，本文未做收錄。

三星堆文化大致可分為 6 期，大致從夏晚期延續至商代末年或西周早期。一號祭祀坑屬於第三期，大致相當於殷墟一二期之交；二號祭祀坑屬於第五期，大致相當於殷墟二期偏晚至三、四期之間〔註27〕。

據統計兩座祭祀坑中出土玉璧 21 件、石璧 5 件，皆為有領璧，璧面有寬有窄〔註28〕。還有一類器物被稱為鋤，器形與有領璧相近，中孔兩側帶領，但是外形為長橢圓形，與鋤相近，是三星堆的獨特器形，這類器物並未見出刃，可能也是一類有領璧。另外三星堆遺址仁勝村墓地是僅有的一處出土玉器的墓地，其中有 2 件為璧形器〔註29〕。

金沙遺址時代與三星堆遺址銜接，文化面貌一脈相承。遺址可分為不同區域，出土大量金器、銅器、玉器等器物。玉器主要出自金沙村「梅苑」宗教祭祀區，60 餘處祭祀遺跡可紛紛為三個階段，第一階段大致相當於殷墟二、三期，第二階段為殷墟三、四期至西周中期，第三階段為西周晚期至春秋早期。玉器的發現數量已超過 2000 件，主要集中出自第二階段，以商代晚期最為集中。以梅苑地點為例，遺址的文化堆積可分為 16 層，第 7 層遺存與十二橋文化一期晚段相近，時代大致為西周早期，大量的玉器、金器、銅器、象牙器皆出自 7 層下的遺跡單位中，8～12 層下的遺跡單位出土遺物最為集中，也最為豐富，時代當在商代晚期〔註30〕。玉器的主要種類有玉璋、玉璧、玉戈、斧錛鑿等，其中玉璧 200 餘件〔註31〕。

三、湘江與資江下游地區

屬於早商二期至中商二期的岳陽銅鼓山遺址是商文化最南部的據點之一，其後這一處商人據點消融於當地土著文化中。永州望子崗遺址二期遺存

〔註27〕中國社會科學院考古研究所，中國考古學：夏商卷〔M〕，北京：中國社會科學出版社，2003：501～506。

〔註28〕喻燕姣，方剛，中國玉器通史：夏商卷〔M〕，深圳：海天出版社，2014：121～127，四川省文物考古研究所，三星堆祭祀坑〔M〕，北京：文物出版社，1999。

〔註29〕四川省文物考古研究所三星堆遺址工作站，四川廣漢市三星堆遺址仁勝村土坑墓〔J〕，考古，2004（10），肖先進，吳維羲，三星堆遺址仁勝村土坑墓出土玉石器初步研究〔A〕，玉魂國魄（三）——中國古代玉器與傳統文化學術討論會文集，北京：燕山出版社，2008。

〔註30〕成都文物考古研究所，金沙玉器〔M〕，北京：科學出版社，2006：5～16。

〔註31〕王方，金沙玉器類型及其特點〔J〕，中原文物，2004（4）：66～71。

中發現 2 件有領璧殘段，時代大致相當於商代前期〔註 32〕。晚商時期，這一區域多發現一些青銅器玉器窖藏，如湖南寧鄉黃材地區王家墳山的青銅提梁卣中出土玉器 330 件，其中玉璧 14 件，皆為有領璧〔註 33〕。三畝地窖藏中出土玉器 70 件，其中有玉璧環 6 件〔註 34〕。衡陽市杏花村青銅器窖藏中提梁卣內有玉璧 3 件〔註 35〕。另外石門皂市新寧飛仙橋一座墓葬中出土有領璧 1 件〔註 36〕。

四、贛鄱流域

贛鄱流域已發現玉璧的遺址有新幹大洋洲商墓。新幹商墓位於江西省新幹縣大洋洲鄉的大洋洲遺址在 1989 年發掘清理了一座大型墓葬。出土玉器約 71 件組，其中有有領璧 9 件，玉璧環 1 件〔註 37〕。該墓葬與贛西的吳城文化並不屬於同一文化體系，年代在吳城文化三期早段，大致相當於殷墟三期〔註 38〕。

五、閩粵地區

閩江上游的光澤池湖商周遺址的積穀山地點曾清理 2 座商代墓葬，其中一座中出土 1 件有領璧殘件。發掘者將其歸入白主段類型文化，時代大致相

〔註32〕 湖南省文物考古研究所，坐果山與望子崗：瀟湘上游商周遺址發掘報告〔M〕，北京：科學出版社，2010。

〔註33〕 湖南省博物館，湖南省工農兵群眾熱愛祖國文化遺產〔J〕，文物，1972（1），喻燕姣，略論湖南出土的商代玉器〔J〕，中原文物，2002（5）：43～50。

〔註34〕 湖南省博物館，湖南省博物館〔M〕，北京：文物出版社，1983：161，喻燕姣，略論湖南出土的商代玉器〔J〕，中原文物，2002（5）：43～50。

〔註35〕 鄭均生，唐先華，湖南衡陽發現商代銅卣〔J〕，文物，2000（10）。

〔註36〕 邵陽市文物管理處，新寧縣文管所，湖南省新寧縣發現商至周初青銅器〔J〕，文物，1997（10），喻燕姣，略論湖南出土的商代玉器〔J〕，中原文物，2002（5）：43～50。

〔註37〕 彭適凡，一批商代南方古玉標準器——江西新幹大墓出土玉器綜論〔A〕，楊伯達，中國玉文化玉學論叢四編下〔C〕，北京：紫禁城出版社，2006：557～574，喻燕姣，方剛，中國玉器通史：夏商卷〔M〕，深圳：海天出版社，2014：115～119，彭適凡文中統計帶領玉璧 2 件、帶領瑗 7 件、環 1 件，有領璧及帶領瑗統稱為有領璧。玉環的環面有同心圓紋，與有領璧璧面形製相近。

〔註38〕 周廣明，趙建鵬，傳播、變異、創新——殷商時期贛鄱流域文明演進模式初探〔A〕，中國社會科學院考古研究所，夏商都邑與文化（一）：夏商都邑考古暨紀念偃師商城發現 30 週年國際學術研討會論文集〔C〕，北京：中國社會科學出版社，2014。

當於商代晚期至西周早期〔註39〕。閩江下游福清東張上層遺存中曾出土 1 件有領璧殘件，璧面特別窄〔註40〕。該遺存屬於黃土侖類型文化，年代範圍約在距今 3500 年～3000 年前後〔註41〕。分布於閩南、閩西及粵東的浮濱文化中多發現有有領璧〔註42〕，時代大致在商代中期至商代晚期，下限可能進入西周初年〔註43〕。其中晉江庵山沙丘遺址〔註44〕、大埔縣斜背嶺墓葬、增城墨依山墓地〔註45〕中曾出土有領璧〔註46〕，龍海步文雲洞岩曾採集到有領璧〔註47〕，另外鳥侖尾遺址、龍海市與平和縣考古調查也曾採集到有領璧，可能都屬於浮濱文化範疇〔註48〕。粵東閩南地區的普寧龜山遺址中曾出土帶領石璧，屬於向浮濱文化的過渡階段〔註49〕，普寧平寶山遺址出土帶領殘

〔註39〕福建博物院，福建光澤池湖商周遺址及墓葬〔A〕，廈門大學人文學院歷史系考古教研室，香港中文大學中國考古藝術研究中心，東南考古研究（第三輯）〔C〕，廈門：廈門大學出版社，2003。

〔註40〕福建省文物管理委員會，福建福清東張新石器時代遺址發掘報告〔J〕，考古，1965（2）。

〔註41〕中國社會科學院考古研究所，中國考古學：夏商卷〔M〕，北京：中國社會科學出版社，2003：638～641。

〔註42〕張強祿，從華南所見有領璧環看夏商禮制東漸〔A〕，北京大學中國考古學研究中心，古代文明（第 13 卷）〔C〕，北京：科學出版社，2019：57～91，石榮傳，從閩南、粵東浮濱文化玉（石）器看中原夏商文明的南漸〔J〕，江漢考古，2016（5）：60～69。

〔註43〕中國社會科學院考古研究所，中國考古學‧夏商卷〔M〕，北京：中國社會科學出版社，2003：655～658。

〔註44〕福建博物院，等，晉江庵山沙丘遺址考古發掘收穫〔J〕，福建文博，2008（3），福建晉江流域考古調查隊，福建晉江流域考古調查與研究〔M〕，北京：科學出版社，2010，福建博物院，晉江市博物館，福建晉江庵山青銅時代沙丘遺址 2009 年發掘簡報〔J〕，文物，2014（2）。

〔註45〕張希，朱海仁，廣東廣州增城區墨依山先秦遺址〔A〕，國家文物局，2017 年中國重要考古發現〔C〕，北京：文物出版社，2018：40～43，廣州市文物考古研究所，廣州增城墨依山遺址兩座出土玉牙璋的商代墓葬〔J〕，東南文化，2018（3）。

〔註46〕廣東省博物館，廣東大埔縣古墓葬清理簡報〔J〕，文物，1991（12）。

〔註47〕吳春明，福建先秦玉器初探〔A〕，鄧聰，東亞玉器（Ⅰ）〔C〕，香港：中國考古藝術研究中心，1998：298～303。

〔註48〕福建博物院文物考古研究所，漳州市文物管理委員會辦公室，鳥侖尾與狗頭山——福建省商周遺址考古發掘報告〔J〕，北京：科學出版社，2004，吳春明，福建先秦玉器初探〔A〕，鄧聰，東亞玉器（Ⅰ）〔C〕，香港：中國考古藝術研究中心，1998：298～303。

〔註49〕廣東省文物考古研究所，普寧市博物館，廣東普寧龜山先秦遺址 2009 年的發掘〔J〕，文物，2012（2）。

石璧1件〔註50〕。深圳大梅沙村黃竹園沙丘遺址的商代墓葬 M8 中出土有領璧1件〔註51〕。向南村遺址出土有領石璧3件，皆殘〔註52〕。香港上世紀30年代的工作中也曾發現有領璧〔註53〕，香港大灣遺址中出土有領璧3件，時代應與浮濱文化相當〔註54〕。

另外黃陂中分衛灣商代晚期墓葬 M1 中出土 1 件有領玉璧。貴州威寧雞公山遺址、吳家大坪遺址也有領璧出土，時代大致在距今 3300～3000 年前後，相當於商代中晚期〔註55〕。

第三節　商代玉璧的型式分析

商代玉璧從出土情況看，主要有圓璧、有領璧兩類，還有少量牙璧，新出現有領牙璧。圓璧中大小圓璧都有發現。

一、圓璧

圓璧是商代玉璧的主要種類，數量最多，發現的遺址分布最為廣泛。根據玉璧的大小，可分為大型圓璧和小型圓璧兩類

1.大型圓璧　直徑一般大於 5 釐米，多在 8 釐米左右。器形規整，剖切厚薄較均勻，幾乎全為素面，個別璧面帶旋紋，可能與製作工藝相關。基本為透閃石玉製作而成，個別為石質。老牛坡遺址所見皆為石質，器形並不十分規整，磨製成形，是對夏紀年時期當地的石璧使用及製作傳統的承繼與發展，自成體系。金沙遺址中也有一定數量的石璧，但是其器形、製作方式與玉璧並無實質區別。

〔註50〕廣東省文物考古研究所，嶺外遺珍——廣東省文物考古研究所基建考古成果選萃〔M〕，廣州：廣東省高等教育出版社，2014：39～40。

〔註51〕深圳市博物館，等，廣東深圳市鹽田區黃竹園遺址發掘簡報〔J〕，考古，2008（10）：17～32。

〔註52〕深圳市文管會辦公室，深圳市博物館，南山區文管會辦公室，深圳市南山向南村遺址的發掘〔J〕，考古，1997（6）：77～86。

〔註53〕商志覃，吳偉鴻，香港考古學敍研〔M〕，北京：文物出版社，2010：31。

〔註54〕區家發，馮永驅，等，香港南丫島大灣遺址發掘簡報〔A〕，香港中文大學中國考古藝術研究中心，南中國及鄰近地區古文化研究〔C〕，香港：中文大學出版社，1994：195～208。

〔註55〕貴州省文物考古研究所，四川大學歷史文化學院考古系，威寧縣文物保護管理所，貴州威寧縣雞公山遺址 2004 年發掘簡報〔J〕，考古，2006（8），張合榮，羅二虎，試論雞公山文化〔J〕，考古，2006（8）。

　　商代的大型圓璧主要見於鄭州商城、殷墟、三星堆、金沙遺址等，商代早期已有出現，主要見於鄭州商城，晚期數量增多，尤以殷墟諸地點所見最多。玉璧基本為素面，極個別表面有同心圓紋，見於新幹大洋洲商墓、殷墟婦好墓（圖21）。

圖21　商代大型圓璧

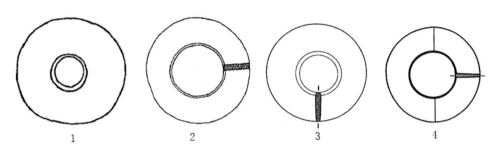

1、2.鄭州商城　3.殷墟郭家莊 M289：10　4.殷墟劉家莊 M1046：70

　　2.小型圓璧　　直徑小於 5 釐米。小型玉璧的數量不多，有的器形較規整，有的不太規整。從已知的資料看，早商文化時期就有小型圓璧，應該是沿用了新石器時代至夏紀年時期的玉璧形態。早商時期主要見於鄭州商城，晚商時期在旌介商墓、王家墳山、三畝地窖藏、金沙遺址等有發現，尤其是旌介商墓，出土玉璧的形態只有小型玉璧（圖22）。

圖22　商代小型圓璧

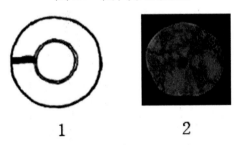

1.鄭州商城　2.金沙遺址 2001CQJC：794

二、有領璧

　　有領璧出現於新石器時代晚期晚段，夏紀年時期的發現也比較少，在商代尤其是晚商階段最為流行，殷墟諸遺址、鄭州商城等遺址都有發現，其中尤以三星堆文化、金沙遺址為最，三星堆遺址所見玉璧基本皆為有領璧，金沙遺址

中超過半數的玉璧為有領璧。湘江流域的一些窖藏中，發現的玉璧絕大多數是有領璧，瀟水流域也發現有有領璧的蹤跡。可見，有領璧在晚商時期在長江流域中上游地區十分流行。贛鄱流域新幹大洋洲墓地也發現了 9 件有領璧。再往南的華南地區，有領璧也有比較多的分布，浮濱文化、石峽文化中也都有有領璧的發現〔註56〕。有領璧是商時期分布最廣的玉璧種類。

有領璧中有極個別的為單面有領，如婦好墓 M5：912，絕大多數有領璧皆雙面帶領，因此本書中並未作區分。根據璧面寬窄，可分為 2 型。

A 型　寬面有領璧，璧面較寬。根據璧面紋飾，可分為 2 亞型：

Aa 型　素面。見於鄭州商城、新幹大洋洲商墓、殷墟婦好墓、新安莊商墓、三星堆、金沙遺址等。鄭州商城 C7M54：12，器體較小，器形規整，厚薄均勻（圖 23，1）。殷墟婦好墓 M5：456，器形較大，器形規整，厚薄均勻，中孔較小，拋光細緻光潔。直徑 18.9、孔徑 6.2、厚 0.3 釐米（圖 23，2）。

Ab 型　璧面帶同心圓紋。見於新幹大洋洲、殷墟、三星堆、金沙遺址等。大洋洲 0014348，器形規整，厚薄均勻，拋光細緻光潔。直徑 17.5、孔徑 7.5 釐米，厚 0.5 釐米（圖 23，3）。殷墟花園莊 01HDM54，器形規整，厚薄均勻，中孔較小，璧面飾同心圓紋。直徑 17.6、孔徑 5.7、領高 1.3、璧厚 0.3 釐米（圖 23，4）。

B 型　窄面有領璧璧面較窄，似環。根據璧面紋飾，可分為 2 亞型。

Ba 型　素面。見於新幹大洋洲、殷墟、羅山天湖、三星堆、金沙遺址、寧鄉三畝地等。大洋洲 XDM：680，器形規整，厚薄均勻，中孔較大，孔璧較直（圖 23，5）。

Bb 型　璧面帶同心圓紋。見於新幹大洋洲、殷墟、三星堆、金沙、王家墳山、杏花村窖藏等遺址。婦好墓 M5：494，器形規整，中孔較大，孔璧較直帶領，領兩端略寬，平直。璧面飾兩組同心圓紋（圖 23，6）。

有領璧璧面的寬窄有別，有的比較寬為璧形，有的璧面較窄為環形，由於出土的遺存類型多為祭祀坑、窖藏等，從擺放位置中並不能看出兩者在功能或使用中的差異，因此在討論中將一般認為的有領璧和有領環統稱為有領璧，一併進行討論。

〔註56〕張強祿，從華南所見有領璧環看夏商禮制東漸〔A〕，北京大學中國考古學研究中心，古代文明（第 13 卷）〔C〕，北京：科學出版社，2019：57～91。

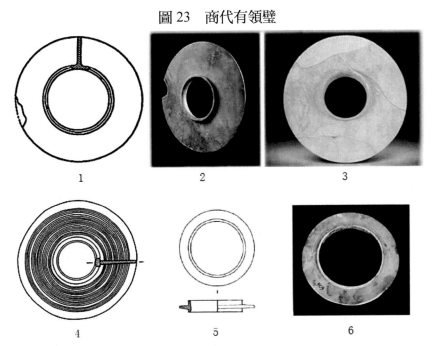

圖 23　商代有領璧

1、2.Aa 型（鄭州商城 C7M54：12、婦好墓 M5：456）　3、4.Ab 型（大洋洲 0014348、殷墟花園莊 01HDM54）　5.Ba 型（大洋洲 XDM：680）6. Ba 型（婦好墓有領璧 M5：494）

三、牙璧

　　商代牙璧的數量較少，已發現的有 10 餘件。雖然發現的比較少而且也比較零散，但是從早商至晚商時期的遺址中都有發現。主要有鄭州商城、大洋洲墓地、殷墟、天湖墓地、金沙遺址等，盤龍城報告中也曾描述了 1 件殘牙璧，但是從器物的形態看，與戚、鉞類器物更接近。

　　這一時期的牙璧既有大型牙璧，也有小型牙璧，與新石器時代至夏紀年時期的發現基本相同。方形牙璧尚未發現，僅餘三角形構圖和圓形構圖的牙璧。

　　A 型　三角形牙璧。主要見於槁城臺西、婦好墓、小屯、淮陽馮塘等遺址，仍有有牙無齒、有牙有齒 2 亞型。

　　Aa 型　有牙無齒。見於婦好墓 M5：1029，器形較小，直徑約 6.1 釐米，整體為三角形，劃刻出三個齒牙，齒牙圓鈍，中孔較小，一側有鑽孔痕跡。外緣略薄。素面（圖 24，1）。

　　Ab 型　有牙有齒。見於槁城臺西墓地、小屯。小屯 M11：3，切出器形，整體基本為三角形，等分切出三個齒牙，直角牙，牙上琢刻琢刻冠形齒，中孔

較大。素面（圖 24，2）。在這一時期牙璧從新石器時代三角形牙璧上的寬齒紋樣逐漸演變出其他紋飾，如臺西 M112：25，器形較小，整體為三角形，器形較規整，劃刻出三個齒牙，齒牙圓鈍，中孔很小，直徑約 1 釐米。牙上琢刻寬突起，似蟬紋。外緣略薄。素面（圖 24，3）。

圖 24　商代 A 型三角形牙璧

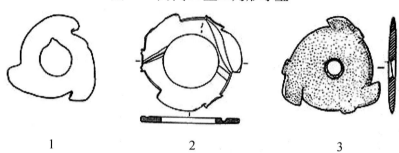

1.Aa 型（婦好墓 M5：1029）　2～3.Ab 型（小屯 M11：3、槁城臺西 M112：25）

B 型　圓形牙璧。是這一階段牙璧的主要形態。主要見於殷墟小屯、婦好墓等。仍可分為有牙無齒、有牙有齒及有齒無牙三亞型。

Ba 型　有牙無齒。見於殷墟郭家莊 M160，器形較大，製作規整，厚薄均勻。器體整體為圓形，外緣等距劃出三牙，銳角牙，中孔較小（圖 25，1）。

Bb 型　有牙有齒。比較多見，金沙遺址、前掌大墓地、小屯等皆有發現。最早見於鄭州商城二里崗上層一期文化遺存中，器形較小，中孔細小似桯鑽，外緣等距切出三牙，牙上琢刻三組小齒。素面（圖 25，2）。小屯 M232，器形規整，基本為圓形，厚薄較勻，邊緣有殘損。外緣等分切出三個尖牙，直角牙，牙上琢刻三組小齒。素面（圖 25，3）。

Bc 型　有齒無牙。見於婦好墓和金沙遺址（圖 25，5）。婦好墓 M5：1040，外廓為切為五邊形，每個角琢刻一組齒牙，中孔較大。素面（圖 25，4）。

圖 25　商代 B 型圓形牙璧

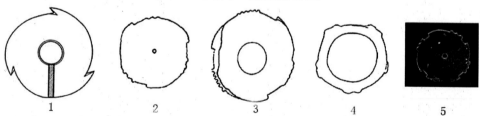

1.Ba 型（郭家莊 M160：119）　2、3.Bb 型（鄭州商城、小屯 M232）　4、5.Bc 型（婦好墓 M5：1040、金沙遺址 2001CQJC：609）

　　盤龍城楊家灣遺址中發現的 1 件玉璜為牙璧改制而成，為有齒有牙的牙璧類型，但是由於僅餘一半，不能準備判斷是圓形還是三角形構圖牙璧。殷墟婦好墓三角形牙璧 M5：1029，中孔留有線拉中孔時定位穿孔痕跡，牙璧的齒牙圓鈍，與新石器時代海岱地區及遼東地區所見早期牙璧形製相近，不能排除為早期遺留物。

四、有領牙璧

　　有領牙璧是商代新出現的器形，是將牙璧與有領璧整合而形成的玉璧種類。新石器時代晉西南的清涼寺遺址曾發現一件有領璧，璧面切割為多邊形，是有領璧的變體，可能也是對有領璧的嘗試性改造，可視為有領牙璧的前身。

　　有領牙璧的齒牙形態多樣，並不似牙璧的齒牙規律。

　　A 型　有牙無齒。見於羅山天湖墓地 M43：6，器形規整，基本為圓形，中孔較大，外緣等分割刻出三牙，銳角牙，牙上無齒。外緣略薄。素面。器形與新石器時代圓形有齒無牙牙璧基本相同，僅中孔帶領（圖 26，1）。

　　B 型　有齒無牙。是有領牙璧的主要類型，見於殷墟、衡陽杏花村窖藏、金沙遺址等。殷墟婦好墓 M5：492，璧面較窄，外緣等距琢刻 8 個小寬齒（圖 26，2）。杏花村窖藏 5：1491，器形規整，璧面較窄，璧領矮且寬，外緣等距琢刻 8 個齒牙（圖 26，3）。金沙遺址 2001CQJC：11，器形規整，璧面較寬，中孔較小，璧領矮且寬，外緣等距琢刻 4 組各 5 個小齒（圖 26，4）。

圖 26　商代有領牙璧

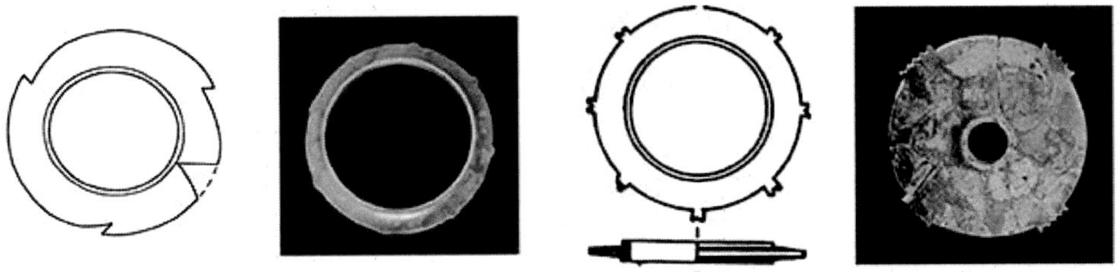

1.羅山天湖 M43：6　2.婦好墓 M5：492　3.衡陽杏花村窖藏　4.金沙遺址 2001CQJC：11

第四節　商代玉璧製作工藝

　　商代玉璧承繼新石器時代至夏紀年時期玉璧的造型及工藝，玉璧造型基本相同，尤其是圓璧的造型及製作工藝基本相近。玉璧的製作工藝仍可分為成

坯、成形、刻紋、成器四步。不同種類的玉璧製作步驟也有所差異，圓璧製作大致有成坯、成形、成器三步；有領璧製作有成坯、成形、製領、刻紋、成器五步；牙璧製作有成坯、成器、製牙做齒、成器四步；有領牙璧製作在有領璧製作上加了製牙做齒，最後成器。

一、成坯

這一階段玉璧璧面平直，璧面較薄、厚薄均勻，可見成坯技術較新石器時代已有大幅的提高。有些璧面留有切割痕跡，切痕纖細平直，應為片切割痕。線切割在這一階段的使用較少。學界在討論龍山文化時期玉器的製作工藝時，就有學者提出砣切割概念。但是從現有的考古學資料看，尚未發現確切的砣切割工具或砣切割痕跡。因此以現有資料看，這一階段以片切割成坯為主。

二、成形

商代玉璧多數器形規整，內外輪廓較圓，外廓及中孔應為管鑽成形。商代玉璧，尤其是中商、晚商時期玉璧器形變大，部分玉璧直徑超過 15 釐米，但是玉璧的外廓依然規整、周正，可見當時管鑽技術的嫻熟。也有一部分玉璧的器形不太規整，應該仍沿用新石器時代的製作方式，切割成形後琢磨修整。

三、製領、刻紋

有領璧的製作工藝是商代玉璧製作中最為複雜、工藝要求最高的。有領璧及璧面同心圓紋的製作學界有幾種認識，一種認為有領璧與同心圓紋的製作為兩個步驟，將玉璧固定於砂盤之類的機械上，用磨製工具壓於璧面，轉動砂盤，玉器上就會出現同心圓紋〔註57〕。另一種認識認為同心圓紋為有領璧製作時產生，並非刻意為之。大致有兩種製作方式：一種是將鑽好中孔的玉璧固定於軸上，以切割工具從上方與側方繞著孔心進行切割，切割完成後，上下可切出 2 個圓璧，中央為有領璧。同心圓紋並非飾紋，而為製作有領璧時留下的旋轉痕跡〔註58〕。另一種是在玉璧的中孔外幾毫米處進行垂直管鑽，至預定領高深度，將玉璧固定於軸上，以片切割工具沿外緣進行旋刻，截去領外玉料。垂直管鑽留下的痕跡寬粗，水平旋截的痕跡細且密，璧面就留下多組粗細相間的

〔註57〕徐琳，中國古代治玉工藝〔M〕，北京：紫禁城出版社，2011：86。

〔註58〕吳凡，從殷墟婦好墓探討商代玉器的製作與風格〔J〕，故宮文物月刊，1995（總148）：70～89。

同心圓紋〔註59〕。

　　從有領璧的形製看，既有璧面光素的有領璧，也有璧面飾同心圓紋的有領璧，因此如果有領璧製作時將同心圓紋一併刻出，那麼素面有領璧需要花費很大的精力磨去製作痕跡。如果同心圓紋並非製作時產生，就需要在璧面上琢刻分布規律成組、寬窄相間的同心圓紋。可見有領璧的製領及同心圓紋的製作仍需更多角度的觀察與復原研究。

四、製牙做齒

　　製牙做齒主要為牙璧和有領牙璧的製作工序。外緣邊牙一般為切出或劃刻，切出的牙一般為直角，平直，牙尖尖銳，劃刻的牙一般為銳角，牙尖圓鈍，牙下有琢磨形成的 V 形豁口。商代牙璧一般切出邊牙，個別為劃刻。商代牙璧中有齒無牙、有齒有牙的圓形牙璧最為多見，牙璧外緣一般琢刻出齒，一般為數組。齒有寬齒和小齒兩種，皆為琢刻而成，突出於牙璧外緣。

五、成器

　　修整、拋光成器。商代玉璧多數拋光細緻，璧面光潔，個別圓璧表面留有切割痕跡，但並不多見，有領璧璧領翻卷，璧面同心圓紋規律、細緻，紋絲不亂，體現出商代高超的修整、拋光工藝。

第五節　商代玉璧的使用

　　商人具有強烈的寶玉、重玉意識。甲骨文中的「寶」從宀從貝從玉，如同將貝與玉同置於室內的形狀。寶字的字形反映出當時人們以貝、以玉為寶的狀態。而根據《尚書‧盤庚》中篇記載，盤庚遷都的一個重要原因是當時的貴族大量聚斂財寶，「茲予有亂政同位，具乃貝玉」。從湯滅夏，就建立了諸侯的貢納制度。《逸周書‧王會獻》所附《商書‧伊尹朝獻》篇中記載了湯命伊尹制定的《四方（獻）令》，貢納之物種類眾多，有奴隸、牲畜、穀物、手工產品、田邑、卜骨甲、奇珍等幾類，玉器也是其中之一。至商代末期，重玉、斂玉之風更甚，《韓非子‧喻老》曰：「周有玉版，紂王使膠鬲求玉於周」。商紂在牧

〔註59〕黃翠梅，殷墟出土的有領玉環及其相關問題〔A〕，李永迪，紀念殷墟發掘八十週年學術研討會論文集〔C〕，臺北：「中央」研究院歷史語言研究所，2015：211～225。

野與周決戰兵敗後，至鹿臺「入登鹿臺之上，衣其寶玉衣，赴火而死」，說明玉器在當時不僅為財寶，還暗含了持玉、燎玉可昇天、溝通神靈的觀念。《逸周書》中記：「凡武王俘商舊玉億有百萬」，雖非確數，但足以見商王室重玉、藏玉的程度。這一點經考古發現證實，殷墟婦好墓中僅玉石器就隨葬達 755 件組。商代高等級墓葬多經嚴重盜擾，西北岡王陵區 M1001 雖經數次嚴重盜擾，仍在盜洞及填土中出土玉戈 20 件，當時隨葬玉器數量可見一斑。

商人的用玉傳統可以從保留下來的 10 餘萬片甲骨中獲取有效信息。在甲骨文卜辭中出現的玉器種類已有近十種，有圭、戚、璧、牙璧、琮、琅等，不能涵蓋考古發現的商代玉器種類，其中記載的有些器類也無法與考古發現相對應。

通過對甲骨文中與玉相關的卜辭進行梳理〔註 60〕，可將商代用玉情況歸為祭祀類（用玉祭祀）、敬獻類（敬獻玉器）、夢卜類（夢玉而卜）、事卜類（製玉採玉而卜）。其中祭祀類最多，祭祀對象不僅有先王、祖先、舊臣，還有自然神祇，一般用玉祭祀的只有河、山。祭祀在商人的活動中具有非常重要的作用，「殷人尊神，率民以事神，先鬼而後禮」。

甲骨文中已經隸定出璧及牙璧兩種器類。關於玉璧的記載，基本見於殷墟花園莊東地甲骨卜辭。具體卜辭如下〔註 61〕：

璧：

（5）癸巳卜：子，叀（惠）白〔註 62〕璧攺（肇）丁。用。　　　　᠊᠊花東 37.

（2）甲子卜：乙，子　（肇）丁璧眾玉（？）。一　　　　᠊᠊花東 180.

（3）叀（惠）黃璧眾璧（？）　　　　᠊᠊花東 180.

（1）丙午卜，才（在）：子其乎（呼）多尹入璧，丁侃。　　᠊᠊花東 196.

（11）子（肇）丁璧。用。二　　　　᠊᠊花東 198.

（10）癸巳卜：叀（惠）璧（肇）丁。一　　　　᠊᠊花東 198.

（2）乙巳卜：叀（惠）璧。用。一　　　　᠊᠊花東 475.

〔註 60〕何宏波，商代的祭祀用玉〔J〕，殷都學刊，1999 年增刊。後在《甲骨文獻集成》第 30 冊 589 頁進行收錄。王宇信，殷人寶玉、用玉及對玉文化研究的幾點啟示〔J〕，中國史研究，2000（1）：3～18。

〔註 61〕卜辭的隸定皆引自中國社會科學院考古研究所，殷墟花園莊東地甲骨（第 6 冊）〔M〕，昆明：雲南人民出版社，2003，姚萱，殷墟花園莊東地甲骨卜辭的初步研究〔D〕，北京：首都師範大學：附錄一。

〔註 62〕「白」字原作▨，跟同版「白豕」之「白」甚為接近。原摹作▨，誤釋為「日」。

牙璧：

（1）己卯：子見（獻）　　呂（以）璧、玉（？）於丁。用。一

花東 490.

（2）己卯：子見（獻）　　呂（以）　　（圭）㸬、璧丁。用。一二

花東 490.

　　與玉璧相關的卜辭內容主要是關於祭祀與敬獻類的，以敬獻為主。呂向花東甲骨的主人「子」敬獻圭、牙璧、瑴、「子」向丁貢璧。其中雖然不能反映玉璧的具體使用情況，但是能反映出玉璧在當時是非常珍貴的器物，是王室常用的玉器。

一、商代玉璧出土遺跡類型

　　商代玉璧主要出土於墓葬、祭祀坑、青銅器窖藏等遺跡，有些遺跡的性質仍有爭議，如湖湘地區發現的數批青銅器窖藏，學界有的認為為祭祀遺存。新幹大洋洲商墓，也有祭祀坑的可能。

1. 祭祀坑

　　主要見於三星堆遺址、金沙遺址、湖湘地區等。三星堆遺址中先後發現 10 餘座祭祀坑，多數的祭祀坑中埋有玉石器，但是僅有數座經考古發掘，三星堆一、二號祭祀坑就是其中最具代表性的遺跡。兩個祭祀坑中銅器、玉石器、金器、象牙、犧牲等同出，多經火燔，局部顏色變白，甚至有殘斷，一定的分布和擺放規律。一號祭祀坑中玉石器與象牙同出，器物雖然在祭祀坑中堆放比較隨意，但是有放置順序，玉戈、璋等大型玉石器集中放置在祭祀坑的東南部，重疊堆放；玉鑿、錛等小型工具放置於祭祀坑西南部；玉璧分布比較分散，在祭祀坑中散置，較多分布於祭祀坑中南部。二號祭祀坑中玉石器、金器、銅器、象牙等同出，玉石戈、璋等相對集中在祭祀坑西南部，戈、璋整齊重疊擺放，坑中間一層放置銅罍、銅尊，銅器內放璋、璧、斧錛等玉石器，貝、串飾等，後銅器傾倒，玉石器散落於祭祀坑的東部〔註63〕。金沙遺址中也有玉器在祭祀坑堆放的形式，以圓形坑為主〔註64〕。湖南寧鄉三畝地曾發現一處青銅器、玉器窖藏，橢圓形坑中出土 1 件雲紋大鐃，鐃附近出土玉璧、管珠、玦、魚等玉

〔註63〕四川省文物考古研究所，三星堆祭祀坑〔M〕，北京：文物出版社，1999：440～442。

〔註64〕王方，金沙玉器類型及其特點〔J〕，中原文物，2004（4）：66～72。

器 70 餘件。這批玉器應經燒燎，表面基本為雞骨白色，可能與祭祀活動有關，祭祀後進行掩埋〔註65〕。

2. 祭祀遺跡

主要見於金沙遺址，商文化區也有零星發現。金沙遺址玉器也多出自第二階段遺址東南部「梅苑」東北部的大型祭祀遺跡，大多為地面掩埋的方式。有幾種埋藏組合方式，一種是以玉石器、銅器、金器為主，玉石器為主或玉器與銅器、金器伴出，玉石器多為小型牙璋、璧、串珠等小型玉石器；一種以象牙、玉石器為主，一般上層堆放象牙，下層堆放玉石器、銅器，有些玉石璋、璧器形多較大，層疊擺放；還有一種是以鹿角、豬獠牙為主，附以璧、斧、錛等小型玉石器〔註66〕。商文化分布區域有大量的祭祀遺址發現，多用動物或人牲，也有青銅器祭品，只有少量玉石器，種類有鏟、簪、珠、璜、玉片等小件玉器，其中一些可能為人牲身上的裝飾品，鮮有用璧。僅在小屯丙組建築基址中發現 2 件玉璧，1 白 1 青，應為建築基址奠基祭祀所埋〔註67〕。花東卜辭 37（5）中有記「子」向「丁」敬獻白色玉璧，可見當時所用玉璧有顏色區分，可能各色玉璧的功能也有所區分。而這兩件玉璧的發現也補充了顏色玉璧的使用資料。

3. 青銅器窖藏

主要見於湖湘地區。湖南寧鄉炭河裏出土 1 件獸面紋青銅提梁卣，內儲玉管珠 1174 件。王家墳山出土 1 件鳥首紋青銅提梁卣，內儲玉璧、玦、璜、管珠等各類玉器 330 件。衡陽杏花村出土 1 件青銅提梁卣，內儲玉璧、玦、管珠等各類玉器 170 餘件。雙峰縣月龍村出土 1 件雲紋青銅卣，內儲玉玦、璜等 5 件。這些窖藏銅器基本為大型的青銅提梁卣，所出玉器體量較小，但製作精美。玉器中玉璧的數量占到一定比例。三星堆一、二號祭祀坑中皆有發現青銅器尊、罍中儲放小型玉器的情況，與湖湘地區所見相近，因此關於這些窖藏的用途，學術界多認為與商代晚期的祭祀活動相關。殷人用玉祭祀對象主要有兩類，一類是祭祀祖先，一類為祭祀河山〔註68〕。祖先祭祀集中於殷都附近，那此次湖湘地區所見，可能與山川河流祭祀相關。

〔註65〕喻燕姣，湖湘出土玉器研究〔M〕，長沙：嶽麓書社，2013：77～78。

〔註66〕成都文物考古研究所，金沙玉器〔M〕，北京：科學出版社，2006：76。

〔註67〕鄧淑蘋，由考官實例論中國崇玉文化的形成與演變〔A〕，「中央」研究院歷史語言研究所，中國考古學與歷史系之整合研究〔C〕，臺北：南天書局，1997：793～837。

〔註68〕王宇信，殷人寶玉、用玉及對玉文化研究的幾點啟示〔J〕，中國史研究，2000（1）。

4. 墓葬

商代玉璧主要見於墓葬之中，見於商文化區、贛鄱地區、閩粵地區。由於商代出土玉璧的墓葬規模較大，等級較高，多有盜擾，因此出土玉璧的墓葬數量較少，而且實際數量及隨葬情況並不明朗。墓葬中出土玉璧最多的地區為商文化區，其中尤以殷墟遺址為最。殷墟各墓葬區中都有玉璧出土，時代也貫穿殷墟時期，部分下限可能達西周早期。殷墟一期時數量較少，二期玉璧的數量最多，三、四期逐步減少，這一情況與商代晚期玉器的整體發展態勢相合。墓葬中所見玉璧包括了商時期玉璧的所有種類，是各類遺址中出土玉璧種類最全的，可見隨葬玉璧在玉璧使用中的特殊性。

二、商代玉璧出土位置

商代玉璧主要見於墓葬中，雖然墓葬信息並不完整，但是根據保留的部分信息，也可在玉璧的出土位置、隨葬組合及隨葬等級等方面梳理出一定的規律。商代大中型墓葬多有棺槨，有些槨室還有邊箱，因此玉璧的出土位置比較多。主要有以下幾種情況：

1. 棺槨之間

主要見於大中型墓葬中，放置於棺槨之間。如安陽花東 M54 也中有 1 件 B 型有領璧放置在棺槨之間，殷墟郭家莊 M160 的棺槨之間出土 2 件小型圓璧和 1 件牙璧。羅山天湖 M12 中棺槨之間就放置 B 型有領璧和大型圓璧各 1 件。

2. 棺內側

江西新干大洋洲商墓璧、環、玦等出於棺內中部兩側，婦好墓中玉璧基本出自棺內四周，器表一般沾有朱砂或者漆皮，應當有部分殮葬的功能。

3. 頭部

86 大司空 M25 中的 2 件有領璧出自頭旁，左肩上。

4. 頸下

只見於鐵西劉家莊南 M13，小型圓璧放置於頸部，可能為項飾。

5. 口中

只見於後崗 M33，墓主人口中出土 1 件小型圓璧。

6. 身側

如花東 M54 的有領璧位於墓主右手附近，小屯 M18 的鐲形器位於左手旁。

7. 胸腹部

如鄭州商城 BQM1 中出土的 1 件大型圓璧就放置在墓主人腹部，花東 M54 出土的牙璧在胸部旁邊，文源綠島 M5 的有領環位於頸部到胸部一帶。09 王裕口南 M103 的鐲形器則位於胸部附近。王裕口 M94 中 1 件大型圓璧放置於腰腹部，劉家莊 M1046 墓主人腰部放置 1 件小型圓璧，大司空村 M30385 墓主任胸腹之間放置 1 件小型圓璧，殷墟西區 M1713 中墓主人胸部有 1 件小型圓璧。

三、商代玉璧出土組合

1. 列璧

主要見於殷墟婦好墓中。婦好墓中出土的玉璧包括了商代玉璧的所有種類，其中大型圓璧存在列璧使用的現象。23 件大型圓璧分為三組列璧，分別為 8 件、8 件、7 件。這些玉璧器體厚重，製作也較為粗糙，外緣多不甚規整，璧面多留有切割痕跡，中孔較大，有些中孔為單面管鑽，鑽孔有些只經粗整。這些特徵都留有新石器時代玉璧的特徵，不能完全排除是早期遺物的可能。三組列璧皆出自棺內四周，這些玉璧應具有一定的特殊功能。成套玉璧的出土，在三星堆遺址中也發現數組。1929 年三星堆遺址燕家院子曾出土了一批玉石璧，數量達數十件，均用粗砂石製成。製作較為粗糙，璧面多留有製作痕跡，器形大小不一，最大者直徑達 70.5 釐米，重近百斤，最小者直徑為 11 釐米。另外高大倫提到月亮灣 1986 年還出土過一組成套石璧，這兩套石璧出土時是重疊堆放的，他認為石璧製作粗糙，如此堆放，更似作坊加工後的碼放，而不是作為禮器或祭器的擺放方式。真武倉包包也曾出土玉石璧 11 件，用大理岩和蛇紋岩製成，器形大小不一，器體較厚重，中孔也較大。三星堆一、二號祭祀坑中還發現有成組的玉石戈、璋，大小成組。應是具有一定的擺放習俗。商之後，西周的列鼎、列簋、編鍾等器物的成組、成套的成熟使用，應不是一蹴而就，玉璧的成組使用很可能是器物成組使用的早期發展形態。

2. 玉璧、戈、柄形器組合

出土玉璧的墓葬多伴出玉戈、柄形器，如鄭州商城 BQM1，如西北岡侯家莊亞字形王陵，4 座出土玉璧的亞字形墓葬中皆出有玉戈和柄形器。再如新幹大洋洲商墓，也出有玉戈 4 件，柄形器 4 件，後崗 M9、小屯西地 M1 雖墓葬經嚴重盜擾，但是殘留玉器組合仍有玉璧、戈、柄形器。可見這種組合從二里崗上層一期至殷墟四期在商代高等級墓葬，尤其是大中型墓葬中比較常見的

組合。在對於玉戈的討論中，一種觀點認為玉戈即文獻所記之玉圭，「圭」字的甲骨文字形也為尖首長條形。而且也有觀點認為柄形器亦為一類玉圭。而玉璧、戈、柄形器在大型墓葬中伴出，更顯示出這三類器物的特殊性。

3. 玉璧、斧錛、管珠組合

見於三星堆遺址、金沙遺址等祭祀坑或祭祀遺跡中。三星堆遺址一、二號祭祀坑中玉璧、斧錛、管珠等小型玉器多放置於青銅尊、罍中進行祭祀活動並掩埋。可能是一定的祭祀組合。

4. 玉璧、玦、璜、管珠組合

見於湖湘地區青銅器窖藏中。一般玉璧與玦、璜、管珠等一併放入青銅器中，進行掩埋。管珠的數量最多，其次是玦，是這一區域青銅器窖藏或祭祀遺跡中相對比較固定的器物組合。

5. 玉璧、牙璋組合

見於金沙遺址各祭祀遺跡中。金沙遺址中出土玉璧 200 餘件，牙璋 200 餘件，是遺址各種類玉器中數量最多、最具代表性的器類，在金沙遺址各祭祀遺跡中同出。由於祭祀遺跡很難復原祭祀過程，但是這兩種器類在金沙遺址的大量同時使用，反映出當時在祭祀中一種的用玉組合。

6. 有領璧、牙璋組合

見於閩粵地區，主要集中於環珠江口、閩南粵東地區。一般牙璋與有領璧同出。如廣州南沙鹿頸遺址商代早中期遺存出土殘斷有領璧和牙璋各 1 件。朱村皆墨依山浮濱文化墓葬中出土有領璧和牙璋，香港大灣遺址牙璋也與有領璧同出。

四、商代玉璧使用方式

根據甲骨文卜辭的記載，用玉祭祀的祭祀種類很多，有冓珏、禘玉、燎玉、奏玉、埋玉、沈玉、刉玉、鼎玉、正玉之祭等〔註 69〕。這些祭祀中並沒有詳細記載所用玉器的種類，而是籠統的稱為玉。

冓珏之祭意為捧玉祭祀鬼神。禘玉之祭，意為以玉禘祭。《詩經・商頌・長發》云：「大禘，郊祭天也」，《國語・魯語上》：「凡禘、郊、祖、宗、報，

〔註 69〕何宏波，先秦玉禮研究〔D〕，鄭州：鄭州大學，2001：109～116，何宏波，商代的祭祀用玉〔J〕，殷都學刊，1999 年增刊。後在《甲骨文獻集成》第 30 冊 589 頁進行收錄。

此五則國之典祀也。」可見，禘祭是祭祀昊天、祖宗的大禮。奏玉之祭，意為鼓樂歌舞，奏玉以祭。燎玉之祭，意為燎玉以祭。埋玉之祭，意為埋玉以祭。《禮記‧祭法》云：「燔柴於大壇，祭天也；瘞埋於泰圻，祭地也」，可見這兩種祭法多同時進行，先燎祭而後埋祭。沈玉之祭，意為沉玉之祭，沉玉於河流以祭。《爾雅‧釋天》：「祭川曰浮沉」，可見沉玉之祭多用玉河川祭祀。剛玉之祭，可能為損毀玉器以祭。鼎玉之祭，意為用鼎盛玉以祭。正玉之祭，以玉祭攘除災禍。甲骨文卜辭中所涉及的用玉方式多為祭祀，有些祭法很難留下痕跡，如再玨之祭、奏玉之祭等。而且也不涉及器類，無法推斷祭祀用玉的種類，玉璧作為商代玉器的主要種類，應該也屬於祭玉之列。

現有的考古發現中玉璧有幾種使用方式：

1.燒燎：掩埋三星堆一、二號祭祀坑中的銅器、金器及玉石器、象牙均有燒燎痕跡，上面還多黏有大量經焚燒的骨渣，應存在先燎後埋的過程。寧鄉三畝地中青銅鐃附近也發現了燒燎痕跡，亦為先燎後埋，與卜辭中燎祭、埋祭同時進行的記載相符。

2.掩埋：殷墟小屯丙組建築基址中發現2件玉璧，第一層臺階下埋白璧，第二層臺階下埋青璧，璧孔中放置綠松石，與璧同出的還有人、動物犧牲，應為建築基址奠基祭祀所為。湖湘地區的幾批出土玉璧的青銅器窖藏，皆出自河流附近，可能與埋玉祭祀有關，而且玉器皆放入青銅卣中，與鼎玉之祭似有相通之處。

3.放置：主要見於墓葬中，玉璧單獨或列置於棺槨之上、棺槨之間、棺內及墓主人身上。是玉璧使用的主要方式。

4.手握：僅見於劉家莊南M13，墓主人手中握有一枚小型圓璧。

5.口含：僅見於殷墟後崗M33，墓主人口中含一枚小型圓璧。

有學者根據雲南晉寧石寨山、江川李家山墓葬中出土的有領璧套於墓主人手腕的情況，又結合東南亞地區馬來西亞、泰國青銅時代墓葬中發現的有領璧也套於墓主人手腕推斷，有領璧可能是一類特殊的手鐲或腕飾〔註70〕。更有學者推測素面有領璧既是腕飾，又具有保護手腕的功能〔註71〕。但是雲南發現

〔註70〕雲南省博物館，雲南晉寧石寨山古墓群發掘報告〔M〕，北京：文物出版社，1959：120～123，雲南省博物館，雲南江川李家山古墓群發掘報告〔J〕，考古學報，1975（2）：97～156，馮漢驥，童恩正，記廣漢出土的玉石器〔J〕，文物，1979（2），吉開將人，論「T字玉環」〔A〕，香港中文大學中國考古學藝術研究中心，南中國及鄰近地區古文化研究〔C〕，香港：香港中文大學出版社，1993。
〔註71〕朱乃誠，殷墟婦好墓出土有領玉璧與有領玉環研究〔J〕，江漢考古，2017（3）：109～118。

的有領璧時代偏晚，在戰國晚期至西漢階段，與商代相隔千年，而且在已發掘的商代墓葬中尚不能確認有玉璧或有領璧套於手腕的情況，因此本書中並不將其做為一種玉璧的使用方式。

五、商代玉璧的等級關聯

出土玉璧的墓葬一般等級較高，從王陵至中小等級貴族，多出自隨葬銅鼎、觚、爵、兵器等青銅器墓葬，一般平民墓葬中基本沒有發現。商代出土玉璧的墓葬根據形製、時代及墓主人級別可大致劃為 4 個等級。

第一等級為王陵級，亞字形大墓，主要為商王墓葬，主要分布於殷墟遺址侯家莊西北岡，共有 8 座，另有 1 座亞字形大墓位於山東青州蘇埠屯，可能為方國首領。由於西北岡高等級墓葬多經盜擾，保留下來的器物有限，組合併不清楚，其中有殘留玉璧出土的墓葬僅有 4 座。蘇埠屯 M1 墓葬中未發現玉璧。出土玉璧的墓葬情況如下（表 2）：

表 2　商代第一等級墓葬玉璧出土情況

遺　址	期別	玉璧出土情況	出土位置	墓葬等級	伴出玉器
安陽殷墟侯家莊 HPKM1001	殷墟二期	有領璧 9	盜洞及殉人坑	亞字形大墓，商王陵，可能為武丁	玉戈、戚、柄形器、錛、鑿、管、珠等
安陽殷墟侯家莊 HPKM1003	殷墟四期	圓璧 3，有領璧 11	盜洞	亞字形大墓，商王陵，可能為帝辛	玉戈、柄形器、管、珠等
安陽殷墟侯家莊 HPKM1004		圓璧 16，有領璧 1	盜洞	亞字形大墓，商王陵	玉戈、柄形器、琮、殘容器、戚、笄等
安陽殷墟侯家莊 HPKM1217		圓璧 8，有領璧 6	盜洞	亞字形大墓，商王陵	玉戈、柄形器、戚、珠、魚等
青州蘇埠屯一號墓	殷墟四期	無		亞字形大墓，方國首領	玉戈、柄形器、琮、魚、玦、管珠等

第二等級為王室成員或方國首領、高等級貴族。中字形、甲字形墓葬，也有個別為豎穴土坑墓，但是墓葬面積較大，面積在 10 平方米以上，主要分布於殷墟各遺址。墓葬中多有玉璧出土，但是玉璧的數量不多。有些墓葬經盜擾，隨葬數量和情況不明。婦好墓未經盜擾，出土玉璧達 59 件，並且有三組列璧。玉璧種類有大小圓璧、有領璧、牙璧、璜聯璧，主要器類為圓璧，其次為有領璧，其餘玉璧種類僅有 1 件或數件（表 3）。

表3　商代第二等級墓葬玉璧出土情況

遺　址	期別	玉璧出土情況	出土位置	墓葬等級	伴出玉器
侯家莊 78AHBM1	一期	玉璧 2		甲字形墓，可能為王室成員	玉戈
婦好墓	殷墟二期	圓璧 35、有領璧 22、牙璧 1、璜聯璧 1、有領牙璧 1	棺內。圓璧為三組列璧，分別為 8、8、7 件	豎穴土坑墓，22.4 平方米，銅鼎墓。商王武丁配偶，王室成員	玉戈、柄形器、琮、圭、戚、刀、簋、璜、玦、刻刀、動物飾等
武官 WKGM1	殷墟二期	玉璧 1		兩條墓道，可能為商王配偶，王室成員	玉戈、柄形器、刀、斧、動物飾等
花東 M54	殷墟二期	A 型有領璧 1、B 型有領璧 2、牙璧 1	A 型有領璧位於右手附近，B 型有領璧在棺槨之間，牙璧放於胸側。	豎穴土坑墓，16.46 平方米，墓主為高級將領「亞長」	玉戈、柄形器、琮、圭、鉞、戚、刻刀、璜、動物飾、管等
西安老牛坡 M25	殷墟早期	小型圓璧 1		豎穴土坑墓帶邊箱，13.44 平方米	盜擾
西安老牛坡 M41	殷墟早期	小型圓璧 1		豎穴土坑墓，14.7 平方米	盜擾
王裕口 M94	殷墟三期	大型圓璧 1	腰部	甲字形墓，銅鼎墓	
郭家莊 M160	殷墟三期晚段	大型圓璧 1、小型圓璧 2、牙璧 1	大型玉璧可能位於棺槨之上，餘皆在棺槨之間	豎穴土坑墓，13.05 平方米，銅鼎墓，可能為址族的高等級貴族	玉戈、柄形器、戚、璜、刻刀、竿、動物飾等
後崗 M9	殷墟四期晚段	大型圓璧 2		中字形墓，亞字形槨室	玉戈、璋、戚、琮、杵等
小屯西地 M1	殷墟四期	玉璧殘 2		中字形墓	玉戈、柄形器、矛、動物飾等

　　第三等級是為中等貴族，在殷墟各墓葬區皆有發現。一般為豎穴土坑墓，墓穴面積在 3～10 平方米，墓葬皆有髹漆棺槨，並有少量殉人、殉狗。隨葬有銅鼎、觚或爵、銅兵器工具等，一般隨葬有銅鼎的墓葬規模較大。有個別墓葬

規模較小，但是出土銅禮器，也歸入此等級。如殷墟一期花東 M60，雖然面積較小，但隨葬有銅鼎，可能與殷都初定，墓葬等級分別尚不分明有關。小屯 M11雖然面積不足 2 平方米，墓主人為一名兒童，但是隨葬玉器 16 件，也歸入了第三等級中。墓葬中隨葬玉璧，有大小圓璧、有領璧，其中有領璧數量更多一些（表 4）。

表 4　商代第三等級墓葬玉璧出土情況

遺　　址	期　別	玉璧出土情況	出土位置	墓葬等級	伴出玉器
鄭州商城BQM1	二里崗上層一期	大型圓璧1	腹部	豎穴土坑墓，3.9 平方米，銅鼎墓	玉戈、柄形器、鏟、斧、蟬等
花東 M60	殷墟一期	有領璧1		豎穴土坑墓，1.46平方米，銅鼎墓	紡輪、玉飾
大司空村86ASNM25	殷墟二期	有領璧2	頭側，左肩上	豎穴土坑墓，5.97平方米，銅觚爵墓	玉戈、柄形器、管、璜等
文源綠島M5	殷墟二期	有領璧1	頸下	豎穴土坑墓，5.51平方米，銅鼎墓	
後崗 M15	殷墟二期	B 型有領璧1殘		豎穴土坑墓，4.59平方米，銅兵器工具墓	無
羅山天湖M12	殷墟二期	B 型有領璧1，大型圓璧1	棺槨之間，棺外東側	豎穴土坑墓，6.4 平方米，銅鼎墓	玉刀、鉞、玦、璜、管、獸等
劉家莊南85AQMM13	殷墟二期	小型圓璧2	1件握於手中，1件出自頸部	豎穴土坑墓，3.92平方米，銅觚爵墓	玉戚
羅山天湖M15	殷墟二期	小型圓璧1	頭部？	豎穴土坑墓，2.4 平方米，銅爵墓	璜、管、蟬等
小屯西北地M11	殷墟二期	牙璧1		豎穴土坑墓，1.75平方米	玉戈、動物飾、管珠等
後崗 M33	殷墟三期	小型圓璧1	含於口中	豎穴土坑墓，2.25平方米，銅觚墓	戚
劉家莊M1046	殷墟四期	大型圓璧2，小型圓璧1	腰部，小型圓璧見於填土	豎穴土坑墓，9.18平方米，銅鼎墓	戚、動物飾、玉珠

91 高樓莊南 M1	殷墟四期	小型圓璧 2		豎穴土坑墓，6.03 平方米，銅觚爵墓	玉戈、柄形器、刻刀、動物飾、管、笄、玦等
大司空村 M303	殷墟四期晚段	小型圓璧 1	胸腹之間	豎穴土坑墓，8.71 平方米，銅鼎墓，可能為「馬危」族高級貴族	玉戈、柄形器、夔龍、動物飾、刻刀等
殷墟西區 M1713	殷墟四期晚段	小型圓璧 1	胸部	豎穴土坑墓，4.68 平方米，銅鼎墓	柄形器、璋、玉片等

　　由於商代墓葬的規模和規格都較新石器時代至夏紀年時期更為複雜，棺槨在貴族墓葬中使用比較普遍，因此玉璧的出土位置更為多樣。大中型墓葬主要集中發現在殷墟二、玉璧在墓葬中的隨葬位置主要在棺槨之間或其上，還有部分位於棺內及墓主人身上、身側。

　　另外，墓葬中玉璧的數量不止 1 件，玉璧種類也不限於單一種類，放置位置並不相同。如花園莊 M54 中玉器多出自棺內，A 型有領璧位於右手附近，B 型有領璧在棺槨之間，牙璧放於胸側。玉璧在墓葬中的擺放方式基本也為平鋪放置。郭家莊 M160 在棺槨之間 2 件小型圓璧和 1 件牙璧，在棺槨之上放置 1 件大型圓璧。劉家莊 M13 的 2 件小型圓璧，1 件位於墓主人頸部，1 件握於墓主人手中。

　　商代晚期後段，即殷墟三期以後，各等級的墓葬中出土玉璧的種類和數量都有所減少，大型圓璧、有領璧幾乎不見，小型圓璧的數量不減反增。從玉璧的隨葬位置看，殷墟二、三期的大中型墓葬較多，這些墓葬中的玉璧多出自棺槨之間、棺槨之上或棺內，只有少量放置於墓主人身上。而殷墟三期開始，大型玉璧的數量減少，玉璧逐漸放置於墓主人身上或身側，胸腹部、手部等位置比較多件，四期還出現手握、口含等情況，都是玉璧隨葬習俗的轉變。

　　第一等級中的墓葬皆經盜擾，玉璧多出自盜洞中，隨葬位置不明。並非所有亞字形大墓都出土玉璧，但是從已有發現看，第一等級中的玉璧數量較多，沒有發現玉璧的墓葬也不能排除是盜擾的緣故。蘇埠屯 M1 中未發現璧環，從蘇埠屯墓地發現的 5 座墓葬看，其中 M2 曾出土大小圓璧各 1 件，另墓地還發

現一些玉璧殘塊，原有的玉璧數量應該更多一些〔註72〕。蘇埠屯墓地玉器以動物造型玉飾、管等小件玉器為主，也有小型戈、柄形器等，但是未發現有領璧及牙璧，而且玉璧的製作較粗糙。蘇埠屯墓地的時代大致在殷墟四期，時代偏晚，除過盜擾的因素外，與這一時期玉器的整體發展態勢相關。

等級越高的墓葬隨葬玉璧的種類越豐富、數量越多，王陵級墓葬由於盜擾嚴重，信息不完整，但是僅盜洞中的玉璧數量多達十數件。第二等級中婦好墓未經盜擾，出土玉璧數量達 59 件，玉璧包括了商代玉璧全部種類有領璧、大小型圓璧、牙璧、有領牙璧，商代晚期僅見的 1 件璜聯璧也出自婦好墓中。由此可推斷，王陵級墓葬中的玉璧數量可能會更多。第三等級中玉璧的出土數量有所下降，多為數件。第三等級以下的小型墓葬中很少隨葬青銅器，也很少出土玉器，尤其是玉戈、璧等器物。

第六節　商代玉璧的功能

根據玉璧的使用情況，商代玉璧的功能與新石器時代玉璧相比，功能更為集中了，主要有以下幾種：

一、祭祀用器

根據甲骨文卜辭記載，在商代祭祀活動中經常以玉祭，玉璧在祭祀坑、祭祀遺跡中多有發現，是其中一類重要祭品。三星堆、金沙遺址祭祀坑、祭祀遺跡中牙璋、璧、戈等多有同出，湖湘地區發現的數批青銅器中，玉璧、玦、璜、管珠等多有同出，可見，祭祀用璧可能還存在一定的器物組合。

二、財富寶貨

前文已經提到，商人以玉為寶，甲骨文「寶」字形即為納玉納貝為寶。計貝以朋，商王以貝賞賜臣屬，但是尚未見賞賜以玉。因此玉在當時是更為珍貴的財富象徵。商王室及高等級貴族大量聚斂財寶。《尚書·盤庚》中盤庚曾警示貴族們：「無總於貨寶，生生自庸，式敷民德，永肩一心」，反映出當時貴族崇玉求寶的社會風氣。玉璧，尤其是數量較多的玉璧基本出自商代大中型墓葬

〔註72〕周婀娜，山東博物館藏蘇埠屯商代玉器〔A〕，中國社會科學院考古研究所等，
　　　　夏商玉器及玉文化學術研討會論文集〔C〕，廣州：嶺南美術出版社，2018：
　　　　234～240。

中，應也財富的象徵物。

三、身份地位象徵

商代玉器隨葬或使用存在等級差異，如屬於第二等級商王武丁配偶的婦好墓出土玉器 755 件，器類齊全，幾乎涵蓋了商代玉器的所有種類，禮儀、儀仗、工具類玉器就有 300 餘件，其中玉璧有 59 件，包括商代玉璧的所有種類。同屬第二等級高級將領「亞長」墓（花東 M54）出土玉器 210 件，其中禮儀、儀仗、工具類玉器有 30 餘件，裝飾品占多數，玉璧有 4 件。屬第三等級的孝民屯 M17 未經盜擾，出土玉器近 30 件，多為小件器物，其中禮儀、儀仗器 4 件，沒有玉璧。同屬第三等級的馬危族高級貴族墓（大司空村 M303）為當時發掘的 408 座墓葬中出土器物最豐富的墓葬之一，出土玉器 14 件，均為小件器物，其中有 1 件小型圓璧。可見玉璧在商代不僅為財富的象徵，而且也與身份地位有所對應。

四、納貢之物

《逸周書·王會獻》中記載了湯命伊尹制定的《四方（獻）令》，貢納之物種類眾多，玉器是其中之一。婦好墓中出土玉戈上刻「盧方皆入戈五」，意為盧方首領皆貢玉戈 5 件。花東卜辭中就有「子」向商王武丁敬獻玉璧、圭等玉器的記載。甲骨文中還記載商王命令貴族徵集玉。這些記載從一個側面說明當時的玉璧也為方國及高等級貴族敬獻商王、方國首領的納貢之物。

五、隨葬用器

商代大中型墓葬中棺槨之間、棺槨之上等多放置玉璧，墓主人胸腹或腰部也多放置玉璧。婦好墓棺內四周放置 3 組列璧，分別為 8、8、7 件，這些玉璧為大型圓璧，器體厚重，器形不甚規整，每組玉璧大小依次遞減，玉璧之上著有朱砂，這些玉璧除了之前所提及的財富、身份象徵之外，應與一定的隨葬習俗相關。

六、樂器

三星堆遺址等遺址出土的成組玉石璧的聲學特徵研究，認為成組出土的玉石璧具有良好的音樂性能，可以作為祭祀樂舞活動中的打擊樂器使用〔註73〕。

〔註73〕沈博，玉石璧的音樂性能及祭祀功能研究〔D〕，成都：四川省社會科學院，2016，幸曉峰，三星堆遺址出土玉璧的祭祀功能和音樂聲學特徵（上）〔J〕，中華文化論壇，2004（4）；幸曉峰，三星堆遺址出土石璧的祭祀功能和音樂聲學特徵（下）〔J〕，中華文化論壇，2005（2）。

第七節　商代玉璧的分期與分區

一、商代玉璧的分期

1. 商代各時期玉璧發展特徵

在早商文化時期玉石器的發現並不多，主要發現於商文化遺存中，集中在河南，另外在湖北黃陂盤龍城遺址、陝西西安老牛坡遺址也有發現。其中以鄭州商城出土玉器數量最多，且主要出土自二里崗上層一期階段。偃師商城中雖然有玉器出土，但是尚未發現玉璧，玉器多出自墓葬中，有玉璜、刀及一些綠松石鑲嵌品。盤龍城遺址中發現 1 件牙璧，發現玉石璧最多的是老牛坡遺址。

早商時期發現玉璧的地點比較少，數量也比較少。主要集中在商文化區域，其中以鄭州商城發現的數量最多。玉璧的主要種類為大型圓璧，及很少數量的牙璧、有領璧。二里崗下層時期玉器發現數量很少，器類主要為戈、柄形器，尚未發現玉璧。二里崗上層一期開始玉器的數量陡增，玉璧的數量也相應增加，主要為圓璧，真正的牙璧僅在鄭州商城發現 1 件。盤龍城樓子灣遺址中出土的 1 件玉器，報告中將其定為牙璧，但是其器形與同一時期的鉞、戚等器物有些相近，可能並非牙璧。西安老牛坡遺址延續了老牛坡遠古文化的特點，仍出土了數量比較多的石璧，但是石璧的製作方式由夏紀年時期的琢製變為磨製。

中商時期出土玉器的遺址有鄭州商城、黃陂盤龍城、槁城臺西、洹北商城及殷墟小屯附近部分地點等，器類較早商文化時期豐富了很多。但是玉璧仍不多見。鄭州商城的玉器數量減少，僅發現 1 件玉璧。槁城臺西、殷墟小屯及盤龍城遺址都有玉璧發現。出土玉璧的地點、玉璧數量仍比較少。玉璧的種類有圓璧、牙璧和有領璧三類，因只有數件，各類玉璧數量基本相當。這一時期發現的有領璧上開始出現同心圓紋。盤龍城遺址發現的一件飾同心圓紋的有領璧就是其中的代表。

晚商時期出土玉器的地點主要集中於商文化殷墟遺址的各個地點，及其地方類型的遺存中，比較重要的還有鄭州商城人民公園遺址、青州蘇埠屯墓地、羅山天湖墓地、西安老牛坡遺址、靈石旌介商墓等。此外在與商文化同時期的周邊地區考古學文化中也有發現，三星堆文化、金沙遺址，湖南寧鄉數處窖藏、遺址，閩粵地區也都有玉璧的發現。

　　晚商時期玉器得到了全面發展，商代玉器的主要種類都在這一階段齊備，造型構圖、製作工藝在這一時期成熟，玉器的發現數量也超過商代早期和中期數量總和的數倍，玉器脫離出二里頭文化玉器的影響，產生新的器形，形成新的琢刻方法與風格，創造出新的線條與紋樣，最終形成了商代玉器的獨有特點。晚商時期的玉器是商代玉器的代表。

　　這一時期，發現玉璧的遺址點增加，商都殷墟附近各遺址點如小屯、郭家莊、劉家莊等都有比較多的發現，商都之外的區域在豫、晉、川、湘、魯、贛、閩、粵等區域都有發現，分布範圍有較大的增長，且有往東南發展的趨勢。玉璧的數量也有較大幅度的增加，僅殷墟各遺址出土玉璧的數量就超過 80 件，金沙遺址發現的玉璧數量最多，達 200 件，是商代其他時期不能比擬的。玉璧的種類除了圓璧、牙璧和有領璧之外，還出現新種類——有領牙璧，另外在殷墟遺址還發現了 1 件璜聯璧，製作工藝和紋飾具有商代特點，不是早期遺物。有領璧已經成為這一階段玉璧的最主要器類，占到玉璧總數的一半以上。長江以北地區，圓璧仍為最主要器類；長江以南地區，如川渝、湘、閩粵地區，有領璧是玉璧的主導器類，如三星堆遺址發現的 26 件玉璧皆為有領璧，寧鄉、衡陽各窖藏中的玉璧絕大多數是有領璧，金沙遺址近 200 件玉璧中有領璧就有 100 餘件，新幹大洋洲墓地出土有領璧 9 件，璧面有寬有窄，其中有 2 件璧面飾同心圓紋，其餘為素面。閩粵地區所見基本都為有領璧。玉璧，尤其是有領璧的璧面上多有同心圓紋，紋飾一般以數道弦紋為一組，多飾幾組。

　　從商代玉璧的發現及型式特徵看，雖然商文化可隸分為早商、中商和晚商階段，但是從玉璧的階段特徵來看，屬於大致可分為早晚兩期。早段為二里崗文化類型及與其同時的其他文化時期，以商代的早期都城鄭州商城為中心；晚段以殷墟四期文化及與其同時的其他地區文化時期，以商代的晚期都城殷墟遺址為中心。兩期的階段特徵比較明顯。

2. 商代玉璧分期特徵

　　商代早期　這一時期發現玉璧的遺址數量較少，分布範圍主要集中於商文化分布區域，在其他區域鮮有發現。玉璧在二里崗上層一期才出現，玉璧的數量很少，種類有圓璧、牙璧、有領璧，其中不乏新石器時代至夏紀年時期的遺留器物，如聯璧、璜聯璧、方形牙璧等。圓璧是這一階段的主要玉璧種類，數量占到絕大多數。玉璧在製作工藝上較新石器時代至夏紀年時期有所提高，大部分器形規整，厚薄均勻，邊緣圓滑，拋光細緻光潔。盤龍城遺址出土的直

徑超過 20 釐米、飾同心圓紋的有領璧，是這一時期玉璧製作工藝的體現。老牛坡遺址延續新石器時代至夏紀年時期的特點，繼續使用石璧，製作較為粗糙，器形不甚規整，是其中比較獨特的例子，但是老牛坡遺址石璧的造型特點及製作工藝並沒有延續下來，所影響範圍有限。商代早期的玉璧主要見於墓葬中，少數見於遺址。早期由於玉璧的發現數量較少，使用組合與使用方式並不很明確。

商代晚期　　出土玉璧的遺址增加，而且分布範圍從商文化分布區域向南延伸，直至閩粵地區，並繼而影響到越南地區。玉璧在這一時期的種類比較多，除了圓璧、牙璧、有領璧外，新出現有領牙璧、璜聯璧。玉璧的器形在這一時期增大，直徑超過 15 釐米的玉璧數量增多。製作較早期更為規整，有領璧璧面多帶同心圓紋，紋飾製作技術熟練精湛，拋光細緻。晚期玉璧出現的遺存種類多樣，有墓葬、祭祀坑、祭祀窖藏、遺址等。可見玉璧的功能在這一時期也豐富起來。玉璧在墓葬中多放置於棺槨之間、棺槨之上、墓主人胸腹部，是玉璧在這一階段的使用中逐漸發展形成的使用習俗，但是由於高等級墓葬多為盜擾，是否能稱為制度，尚需要大量的考古資料驗證。玉璧的使用組合比較多樣，但是值得關注的是，在商文化區域出土玉璧的墓葬中多還隨葬玉戈和柄形器，應該是當時與等級或者隨葬習俗相關的使用方式。在長江以南尤其是閩粵地區，有領璧多與牙璋同出，是有領璧和牙璋在東傳過程中衍生發展出的新的使用組合。

二、商代玉璧的分區

商代玉璧的發展不僅存在時代上的差異，還存在一些地區差異。根據玉璧的發現遺址點及玉璧的數量，可劃分為幾個區域，各區域或多或少地形成自身的特點。

1. 商文化區域

早商時期，商文化區域所見的玉璧數量是同時期最多的。玉璧主要集中發現在二里崗上層一期文化，其中以核心區域的鄭州商城為代表，但是以老牛坡遺址發現的數量最多，但皆為石璧。玉璧的種類有圓璧、牙璧兩種，其中圓璧占絕大多，牙璧僅 1 件。玉璧體量不大，器形較規整，玉璧皆為素面。

中商時期，玉璧的數量有所減少，鄭州商城未發現玉璧，老牛坡遺址仍有玉璧出土。有領璧在商文化的核心區域尚未發現，只見於江西盤龍城，僅 1 件，

體量較大，直徑有 22 釐米。玉璧基本為素面。僅盤龍城出土的有領璧而且璧面上飾同心圓紋。

晚商時期商的核心區域從鄭州商城移至殷墟附近地區。因此雖然商代早期發現玉璧的遺址，如鄭州商城、老牛坡遺址仍有較多玉璧的出土，但是出土數量最多的為殷墟遺址。各地方類型中也有較多發現，河南羅山天湖、山東青州蘇埠屯等遺址或墓地。這一時期玉璧的數量較多，為商代早期數量的數倍。玉璧的種類更為豐富，圓璧、有領璧、牙璧仍有發現，另出現有領牙璧新種類，已消失的璜聯璧又出現，但是其中仍以圓璧占絕大多數。玉璧中多數仍為素面，部分有領璧璧面飾同心圓紋，極個別圓璧璧面也飾同心圓紋。玉璧的體量主要以兩類比較集中，一類直徑在 7～10 釐米左右，另一類玉璧的直徑在 15 釐米以上。器形規整、厚薄較勻、拋光細緻，製作工藝也較商代早期更為成熟、細緻。

玉璧多見於墓葬，另有少量見於遺址，由於高等級墓葬發現數量較少，卻多有盜擾，不能完整復原玉器的使用情況。婦好墓未經盜擾，婦好墓中的圓璧多成套出現，大小遞減，應有一定的使用規格。

商文化區域是玉璧使用的一個核心區域，商代早期以鄭州商城為代表、商代晚期以殷墟遺址為代表，無論是玉璧的種類還是數量都是比較多的。

玉璧的種類也以商文化區域最為豐富，不僅有圓璧、牙璧、有領璧，還有有領牙璧與璜聯璧。但是值得一提的是商文化區域最早發現有領璧的地點位於江西盤龍城遺址的中商文化遺存中，並非商文化的核心區域，且僅發現 1 件。玉璧中以圓璧最為多見，占到了玉璧數量的絕大多數，這一區域是圓璧的使用中心。

晚商階段玉璧主要見於殷墟一二期，如婦好墓、西北岡大墓中，玉璧不僅數量多，而且製作精細、器形較大。玉璧的種類比較多，有領璧、大小圓璧、牙璧、璜聯璧、有領牙璧等皆在這一階段有發現。屬於殷墟三期的郭家莊 M160、戚家莊 M269、孝民屯 M17 等代表單位中仍出土一些玉璧，但是數量減少，而且在這一階段尚未發現有領璧、有領牙璧、璜聯璧，至殷墟四期時，伴隨商代玉器的衰落，玉璧的數量更為減少。

2. 四川地區

四川地區是以成都盆地為中心的區域，在商時期屬於同一文化系統，這一區域是玉璧使用的又一個中心。三星堆遺址一、二號祭祀坑及後繼的金沙遺址出土了大量的玉璧。

以三星堆遺址一號祭祀坑出土玉璧為代表，屬於三星堆文化第三期，發掘

者認為其相當於殷墟一、二期之交。二號祭祀坑屬三星堆文化第五期，埋藏年代在殷墟二期偏晚至三、四期之間〔註74〕。金沙遺址的玉器集中出自遺址的第二階段，時代大致相當於殷墟三、四期至西周中期。

　　成都平原的玉璧基本都出自晚商階段。殷墟一、二期階段，玉璧主要見於三星堆遺址，且玉璧的種類皆為有領璧。玉璧的數量不多，器形不甚規整，外緣有些並不圓，且器物高低不平。璧面有寬有窄，璧面多有同心圓紋。

　　殷墟三期至四期階段，玉璧見於三星堆遺址、金沙遺址。玉璧的數量有大幅度的增加，尤其是三期之後，玉璧的出土數量超過商文化區域。玉璧的種類有所增加，圓璧、有領璧、牙璧皆有發現，但是玉璧中仍以有領璧占多數，其次為圓璧，牙璧僅4件。器形較前一階段規整，製作較精細，外輪較圓，切割平齊。器形變大，有些有領璧的直徑大於15釐米，璧面有寬有窄，璧面部分為素面，部分飾同心圓紋。

　　這一區域的玉璧主要見於祭祀坑或祭祀場所。玉璧多與金器、銅器、象牙等同出。出土玉器多集中一次性使用，基本沒有使用痕跡。

　　四川地區成都平原所見玉璧以有領璧為主，為有領璧的使用中心。

3. 湖湘地區

　　湖南地區的湘、瀟水流域、資江下游一帶，集中發現了一批有領璧，應也為玉璧的其中一個使用中心。

　　這一區域在早商時期就有商文化的分布。商代前期僅在瀟水流域望子崗遺址二期遺存中發現2件有領璧殘件。領較低，璧面有寬有窄，且為素面。

　　晚商時期玉璧的發現數量有了大幅增加，玉璧的種類有有領璧、圓璧及有領牙璧三類，其中以有領璧為絕大多數。玉璧十分規整，製作精細，拋光細緻。璧面皆為窄面，器形較小，集中在7～10釐米之間，超過15釐米的大型玉璧基本不見。玉璧璧面部分飾同心圓紋。

　　這一區域的玉璧主要見於青銅器物窖藏，大型青銅容器如銅卣中放置數十件甚至上百件玉器，其中璧占一定的比例。

　　湖湘地區玉璧仍以有領璧為主，而且有領璧的器形較小，璧面較窄。

4. 閩粵地區

　　閩粵地區是商時期玉璧分布最南的區域，但是玉璧的影響圈並不限於閩

〔註74〕中國社會科學院考古研究所，中國考古學：夏商卷〔M〕，北京：中國社會科學出版社，2003：506。

粵，越南馮原文化中也發現有有領璧的蹤跡，玉璧與玉璋是馮原文化的代表性玉器種類。

石峽文化中發現有玉璧，與良渚文化玉琮特徵相類的玉琮也在石峽文化中流行，說明新石器時代至夏紀年時期由長江下游地區至閩粵地區保持有比較順暢的交流途徑。香港馬灣島東灣仔遺址第二期遺存中出土大型圓璧 2 件、有領璧 3 件，發掘者認為屬於珠江三角洲新石器時代晚期階段後段，約公元前 2200～1500 年前後〔註 75〕，後有學者認為可能更晚一些，應大致與中原夏末商初階段相當〔註 76〕。是閩粵地區發現玉璧較早的遺址。

商時期，閩粵地區有領璧有比較多的發現，但是石璧居多，而且多殘斷，完整器物較少。香港、深圳地區也有有領璧的發現，而且玉石交雜。

閩粵地區的玉璧主要為有領璧，且璧面較窄，B 型有領璧比較流行，大多為素面，Ba 型更為多見，有少量 Bb 型有領璧，也有少量 A 型有領璧。

但是普寧龜山 Ba 型帶領石璧，屬於向浮濱文化的過渡階段〔註 77〕，普寧平寶山遺址出土有領殘石璧 1 件〔註 78〕。香港上世紀 30 年代的工作中也曾發現有有領璧〔註 79〕，香港大灣遺址中出土 Ba 型有領璧 2 件，Bb 型有領璧 1 件，時代應與浮濱文化相當〔註 80〕。深圳大梅沙村黃竹園沙丘遺址的商代墓葬 M8 中出土 Aa 型有領璧 1 件，直徑 14.7、孔徑 6.5、領高 1.3 釐米〔註 81〕。向南村遺址出土 Ba 型有領石璧 3 件，皆殘〔註 82〕。

〔註 75〕 香港古物古蹟辦事處，中國社會科學院考古研究所，香港馬灣島東灣仔北史前遺址發掘簡報〔J〕，考古，1999（6）：1～17。

〔註 76〕 張強祿，從華南所見有領璧環看夏商禮制東漸〔A〕，北京大學中國考古學研究中心，古代文明（第 13 卷）〔C〕，北京：科學出版社，2019：57～91。

〔註 77〕 廣東省文物考古研究所，普寧市博物館，廣東普寧龜山先秦遺址 2009 年的發掘〔J〕，文物，2012（2）。

〔註 78〕 廣東省文物考古研究所，嶺外遺珍——廣東省文物考古研究所基建考古成果選萃〔M〕，廣州：廣東省高等教育出版社，2014：39～40。

〔註 79〕 商志䜣，吳偉鴻，香港考古學敘研〔M〕，北京：文物出版社，2010：31。

〔註 80〕 區家發，馮永驅，等，香港南丫島大灣遺址發掘簡報〔A〕，香港中文大學中國考古藝術研究中心，南中國及鄰近地區古文化研究〔C〕，香港：中文大學出版社，1994：195～208。

〔註 81〕 深圳市博物館，等，廣東深圳市鹽田區黃竹園遺址發掘簡報〔J〕，考古，2008（10）：17～32。

〔註 80〕 深圳市文管會辦公室，深圳市博物館，南山區文管會辦公室，深圳市南山向南村遺址的發掘〔J〕，考古，1997（6）：77～86。

第四章 西周玉璧研究

第一節 西周的文化框架與背景

  本章所涉及的內容包括周文化及與周文化同時期的其他考古學文化遺存。西周自武王滅商始至幽王終，經歷十二代帝王，絕對年代在公元前 1046 年至公元前 771 年間。

  西周時期的考古工作自 20 世紀 30 年代始，主要圍繞都城和大型墓地展開，根據考古學研究成果，可將西周遺存分為早、中、晚三期，武王至昭王段為西周早期（武王、成王、康王、昭王），穆王至夷王段為西周中期（穆王、恭王、懿王、孝王、夷王），厲王至幽王段為西周晚期（厲王、宣王、幽王）。

  西周建國伊始，採用分封制，周王室只管理都城附近的區域，也即王畿地區。西周王畿地區主要以陝西關中地區都城豐鎬、周原，河南洛陽地區洛邑為中心。在西周統治範圍內，封國林立。伴隨周王朝疆域的拓展，至西周晚期，西周疆域以長江及黃河流域為中心，「當成周者，南有荊蠻、申、呂、應、鄧、陳、蔡、隨、唐；北有衛、燕、翟（狄）、鮮虞、路（潞）、泉、徐、蒲；西有虞、虢、晉、隗、霍、楊、魏、芮；東有齊、魯、曹、宋、滕、薛、鄒、莒。」

  對西周玉璧的發現與研究以周原、豐鎬、洛邑及各大諸侯國所轄地域內出土玉璧的典型遺址單位為單元，輔以同時期的其他地區考古學文化及重要遺址來進行梳理與分析研究。

第二節　西周玉璧的發現與研究

一、周原地區

周原為周人的重要發祥地，在整個西周時期，周原都是周人政治、經濟、文化中心。周原有狹義和廣義上的概念，廣義周原包括了陝西關中盆地西部，是以千河、漆水河、渭河為中心的區域。狹義的周原則主要是指周原的核心區域，包括今扶風、岐山兩縣北部的法門、黃堆和京當三鄉的大部分村落，東西寬約 6 公里，南北長約 5 公里〔註1〕。本節所涉及的是狹義的周原範圍。

周原地區出土玉器總數已逾千件，基本涵蓋了西周玉器的主要器類，有戈、圭、柄形器、璧環、璜、覆面、組佩等。玉璧多見於墓葬之中，主要有扶風黃堆齊家村〔註2〕、黃堆老堡〔註3〕、北呂墓地〔註4〕、岐山王家嘴二號西周墓〔註5〕等。少數見於建築基址、作坊等其他遺址，以扶風召陳西周建築基址〔註6〕所見最多，另外周原的其他遺址中也有零星發現，如扶風案板坪村西周遺址〔註7〕、扶風莊白村西周遺址〔註8〕。玉璧還多見於西周窖藏中，扶風召公鎮呂宅成王村西周二號窖藏、午井鎮四戶南坡村、太白鄉浪店高家嘴村的

〔註1〕徐天進，張恩賢，周原考古綜述〔A〕吉金鑄國史──周原出土西周青銅器精粹〔C〕，北京：文物出版社，2002。廣義的周原包括今陝西關中平原的西部，千河以東、漆水河以西、渭河以北和岐山以南的狹長區域，東西長約 70 公里、南北寬約 20 公里。史念海，周原的變遷〔A〕，史念海，河山集（二集）〔C〕，北京：讀書・生活・新知三聯書店，1981：214。

〔註2〕羅西章，扶風齊家村西周墓清理簡報〔J〕，文博，1990（3）：3～11，中國社會科學院考古研究所扶風考古隊，一九六二年陝西扶風齊家村發掘簡報〔J〕，1980（1）：45～51，陝西周原考古隊，陝西扶風齊家十九號西周墓〔J〕，文物，1979（11）：1～11。

〔註3〕陝西周原考古隊，扶風黃堆西周墓地鑽探清理簡報〔J〕，文物，1986（6）：56～68，羅紅俠，扶風黃堆老堡西周殘墓清理簡報〔J〕，文博，1994（6）：80～86。

〔註4〕寶雞市周原博物館，北呂周人墓地〔M〕，北京：文物出版社，1995：28～129，孫慶偉，周代墓葬所見用玉製度研究〔D〕，北京：北京大學，2003。

〔註5〕鉅萬倉，陝西岐山王家嘴、衙里西周墓葬發掘簡報〔J〕，文博，1985（5）：5。

〔註6〕陝西周原考古隊，扶風召陳西周建築群基址發掘簡報〔J〕，1981（3），中國社會科學院考古研究所，中國考古學：兩周卷〔M〕，北京：中國社會科學出版社，2004：57～58，劉雲輝，周原玉器〔M〕，臺北：中華文物學會，1996：210～211。

〔註7〕高西省，扶風出土的西周玉器〔J〕，文博，1993（玉器研究專刊）：70。

〔註8〕劉雲輝，周原玉器〔M〕，臺北：中華文物學會，1996：16。

西周窖藏、太白鄉浪店高三村西周窖藏〔註9〕中都有少量的玉璧出土。玉璧的時代從西周早期至西周晚期，主要集中於西周中期階段。

二、豐鎬地區

　　豐鎬是西周王朝的都邑，豐邑位於今西安市西南客省莊、馬王村、西王村一帶，鎬京位於今灃河中游東段。這一區域的玉器主要出自灃西張家坡墓地。

　　張家坡墓地位於長安區馬王鎮張家坡村，1956～1957、1967、1983～1986年，經過數次大規模的考古調查及發掘工作，清理西周時期墓葬690餘座。根據墓葬形製、分布及隨葬器物推斷，張家坡墓地是由西周時期若干個家族墓地組成，使用時間從西周早期至西周晚期〔註10〕。其中在12座墓葬中發現隨葬有玉璧，出土玉璧19件，一般一座墓葬中出土1件，也有的出土數件。

三、洛邑及周邊地區

　　《史記·周本紀》太史公曰：「學者皆稱周伐紂，居洛邑。綜其實不然。武王營之，成王使召公卜居，居九鼎焉，而周復都豐鎬。」何尊銘文中記：「唯王出遷，宅於成周」，成王曾都於成周。因此洛邑是西周時期又一處重要的政治、經濟、文化中心。另外在洛邑周邊的中原地區，也分布著許多小封國，拱衛宗室。這一區域的玉璧主要見於墓地中。

1. 鹿邑長子口墓

　　1997年在河南鹿邑縣太清宮鎮發現並清理了1座西周時期墓葬，墓葬隨葬青銅器兼具商代與西周早期特徵，為西周初期墓葬，最晚不過成王時期。48件銅器銘文中帶「長」「子口」「長子口」，均為墓主人長子口自銘。學界認為墓主人有可能為西周早期宋國的開國國君微子啟或其弟微仲衍〔註11〕，也有可能為殷墟前期長氏家族的後代，而非周人封於今商丘的微子〔註12〕。墓葬中出土玉璧2件〔註13〕。

〔註9〕　劉雲輝，周原玉器〔M〕，臺北：中華文物學會，1996：16，249～256。
〔註10〕　中國社會科學院考古研究所，張家坡西周墓地〔M〕，北京：中國大百科全書出版社，1999。
〔註11〕　王恩田，鹿邑太清宮西周大墓與微子封宋〔J〕，中原文物，2002（4）。
〔註12〕　楊升南，商代的長族——兼說鹿邑「長子口」大墓的主人〔J〕，中原文物，2006（5）。
〔註13〕　河南省文物考古研究所，周口市文化局，鹿邑太清宮長子口墓〔M〕，鄭州：中州古籍出版社，2000。

2. 濬縣辛村康、衛國墓地

辛村衛國墓地位於河南濬縣辛村，1932～1933年間進行了4次考古發掘，清理墓葬68座、馬坑12座、車馬坑2座。發掘者認為此處為西周時期封國衛國貴族墓地。時代從康叔受封至衛國滅亡，西周早期至兩周之際〔註14〕。後學界認為辛村墓地只發現與西周晚期衛國相關資料，帶「衛」銘文的青銅器都處於西周晚期。西周早中期只見「康」國或「康」氏青銅器，不見「衛」國青銅器。因此辛村墓地應為西周時期康、衛國的貴族墓地〔註15〕。墓葬經嚴重盜擾，在3座墓葬中發現玉璧4件〔註16〕。

3. 平頂山應國墓地

《古本竹書紀年》記載應國為商時舊國。周滅商後，成為封其弟於應，《左傳·僖公二十四年》記載「邗、晉、應、韓、武之穆也」，意為這些封國皆為武王宗室。

平頂山應國墓地位於河南省平頂山市薛莊鄉北滍村西的滍陽嶺上。1986年以來，在滍陽嶺進行了大規模的調查與發掘工作，發現並清理了一批西周、春秋晚期、戰國及兩漢時期的墓葬300餘座，其中西周時期的墓葬有數十座。4座墓葬中隨葬玉璧〔註17〕。

4. 三門峽虢國墓地

《左傳·僖公五年》記，西周建國之初，文王母弟虢仲、虢季受封於虢，虢仲封東虢，虢叔封西虢，東西分而居之。西虢地望在今陝西寶雞地區，東虢在河南滎陽一帶。西周晚期西虢東遷至今河南三門峽、山西平陸一帶，稱北虢。因此西周時期稱虢的有三地，《漢書·地理志》記載「北虢在大陽，東虢在滎陽，西虢在雍州」。

〔註14〕郭寶鈞，濬縣辛村〔M〕，北京：科學出版社，1964。

〔註15〕董珊，清華簡〈繫年〉所見的「衛叔封」與「悼折王」〔EB／OL〕，http://www.gwz.fudan.edu.cn/SrcShow.asp?Src_ID=1448，2011-4-1王祁，濬縣辛村墓地性質新論〔EB／OL〕，http://www.cssn.cn/zx/bwyc/201809/t20180904_4554128.shtml，2018-9-4。

〔註16〕劉萬軍，濬縣辛村衛國墓出土玉器研究〔J〕，文博，2014（5）：18～23，周永珍，辛村衛國墓地〔A〕，中國大百科全書：考古卷〔C〕，北京：中國大百科全書出版社，1986：585。

〔註17〕河南省文物考古研究所，平頂山市文物管理局，平頂山應國墓地（I上）〔M〕，鄭州：大象出版社，2012：606～608，河南省文物研究所，平頂山市文物管理委員會，平頂山應國墓地九十五號墓的發掘〔J〕，華夏考古，1992（3）：92～103。

三門峽虢國墓地位於河南省三門峽市上村嶺，屬東遷之西虢所居地望。1956～1957 年經考古調查與發掘，清理墓葬 234 座、車馬坑 3 座、馬坑 1 座。時代大致在兩周之際〔註 18〕。1990～1999 年，墓地進行了第二次考古發掘，清理墓葬 18 座、車馬坑 4 座、馬坑 2 座，發掘者將時代定在西周晚期〔註 19〕。有 8 座墓葬中出土玉璧，共 24 件。

四、晉及其周邊地區

晉乃周成王弟叔虞的封國，在今山西境內。《史記・晉世家》中有記：「唐在河、汾之東，方百里」，晉國的考古工作圍繞晉國早期國都故絳〔註 20〕—曲沃天馬—曲村遺址及其周邊區域展開。

1. 天馬—曲村遺址

天馬—曲村遺址是山西臨汾曲沃縣東部和翼城縣西部以天馬—曲村為中心的區域。玉器主要出自晉國墓葬之中，主要有兩處：一處是位於天馬—曲村遺址中部偏北北趙村西南，為晉國公墓地，埋葬晉侯及夫人；另一處位於是位於曲村遺址西部的曲村墓地，是遺址的邦墓地。

晉侯墓地於 1992～2001 年進行了 7 次考古發掘，清理晉侯及其夫人墓葬共計 9 組 19 座，另有陪葬墓、祭祀坑等數十座〔註 21〕。對於各組墓葬的墓主人身份及時代學界已經有相對明確的認識〔註 22〕。晉侯墓地出土玉石器數以

〔註 18〕 中國科學院考古研究所，上村嶺虢國墓地〔M〕，北京：科學出版社，1959。

〔註 19〕 河南省文物考古研究所，三門峽市文物工作隊，三門峽虢國墓地〔M〕，北京：文物出版社，1999。

〔註 20〕 鄒衡，論早期晉都〔J〕，文物，1994（1）：29～32，孫慶偉，早期晉都叢考〔A〕，北京大學考古文博學院，北京大學中國考古學研究中心，考古學研究（十）〔C〕，北京：科學出版社，2011：305～316。

〔註 21〕 北京大學考古系，山西省考古研究所，1992 年春天馬——曲村遺址墓葬發掘報告〔J〕，文物，1993（3）：11～30，北京大學考古系，山西省考古研究所，天馬——曲村遺址北趙晉侯墓地第二次發掘〔J〕，文物，1994（1）：4～28，山西省考古研究所，北京大學考古系，天馬——曲村遺址北趙晉侯墓地第三次發掘〔J〕，文物，1994（8）：22～32，山西省考古研究所，北京大學考古系，天馬——曲村遺址北趙晉侯墓地第四次發掘〔J〕，文物，1994（8）：1～21，北京大學考古系，山西省考古研究所，天馬——曲村遺址北趙晉侯墓地第五次發掘〔J〕，文物，1995（7）：4～38，北京大學考古文博學院，山西省考古研究所，天馬——曲村遺址北趙晉侯墓地第六次發掘〔J〕，文物，2001（8）：4～12。

〔註 22〕 李伯謙，晉侯墓地發掘與研究〔A〕，晉國奇珍——山西晉侯墓群出土文物精品〔C〕，上海：上海人民美術出版社，2002：17～25。

萬計，其中出土玉璧環至少 38 件。

曲村墓地於 1980～1989 年進行了 6 次考古發掘，清理西周至春秋時期墓葬 641 座，車馬坑 6 座，其中西周時期墓葬 612 座。其中出土玉石璧 8 件。

2. 羊舌墓地

羊舌墓地位於曲沃縣史村鎮羊舌村南，與天馬～曲村晉侯墓地隔滏河相望。2003 年進行了大規模的考古調查與發掘工作，清理大型墓葬 2 座及一批中小型墓葬，墓葬時代橫跨西周至春秋時期，是一處兩周時期的晉國國君墓地。其中的大型墓葬 M1、M2 為可能為晉文侯及夫人的墓葬，墓葬經盜擾，從已發表的資料中可知，M1 墓主人胸腹部放置的玉璧就不止 1 件〔註23〕。

3. 翼城大河口墓地

大河口墓地位于翼城縣大河口村北，2007 至今考古發掘和調查工作一直在進行中，已清理西周時期墓葬 400 餘座，出土大量青銅器、原始瓷器、玉器、漆木器等，根據出土的大量帶「霸」字的銘文的青銅器推斷，此處是一處新發現的西周封國——霸國墓地〔註24〕。其中 1 號「霸伯」墓葬中出土有玉璧 2 件〔註25〕，M2 中出土玉璧 1 件。

4. 絳縣橫水墓地

橫水墓地位於運城市絳縣橫北村，2004～2006 年進行了全面的考古調查及發掘工作，清理西周墓葬 190 座，車馬坑、馬坑 24 座。根據墓葬形製、出土器物組合及銅器銘文分析，此處為西周時期倗國國君、夫人及其國人的墓地，時代應在西周中期的穆王時期或略晚。墓地中 M1、M2、M3 為大型墓葬，M3 盜擾嚴重，M1 與 M2 為倗國國君及夫人墓葬。根據已有資料，至少 M2 倗伯墓中在墓主人頭頂之下曾出土玉璧 1 件〔註26〕。M1 倗伯夫人墓葬中玉髮飾、三璜組佩中皆以羽紋小型圓璧為總束。

〔註23〕吉琨璋，山西曲沃羊舌發掘的又一處晉侯墓地〔A〕，國家文物局，2006 年中國重要考古發現〔C〕，北京：文物出版社，2007，山西省考古研究所，曲沃縣文物局，山西曲沃羊舌晉侯墓地發掘簡報〔J〕，文物，2009（1）：4～14。

〔註24〕謝堯亭，王金平，山西翼城大河口西周墓地〔A〕，國家文物局，2008 年中國重要考古發現〔C〕，北京：文物出版社，2009：54。

〔註25〕成都金沙遺址博物館，山西博物院，山西省考古研究所，迷失千年的古國——霸〔M〕，成都：四川人民出版社，2015：20～23。

〔註26〕山西省考古研究所，運城市文物工作站，絳縣文化局，山西絳縣橫水西周墓發掘簡報〔J〕，文物，2006（8）：4～18。

5. 其他發現

洪洞縣永凝堡西周晚期墓葬 M9 的墓主人腹部也出土 1 件素面的小型圓璧，M8 中出土 1 件團龍紋小型圓璧，M10 中也發現 1 件素面小型圓璧〔註27〕。

五、燕及其周邊地區

1. 燕

《史記‧燕召公世家》中記載：「周武王之滅紂，封召公於北燕」，燕為召公的封國。經考古調查及發掘確認，北京房山琉璃河遺址為燕國的始封之地。

玉器主要見於遺址的墓地中。琉璃河西周燕國墓地位於遺址中部的黃土坡村及西周燕都以東一帶。1973～1977 年進行考古發掘工作，共清理西周時期墓葬 61 座。墓地可分為兩個區域，發掘者認為 I 區為殷移民的墓地，II 區為周人墓地，其中包括燕侯的家族墓地〔註28〕。在高等級的墓葬中出土玉璧。1981～1983 年在京廣鐵路東側進行了考古發掘，清理西周時期墓葬 121 座，車馬坑 21 座。其中墓葬 M1029 中出土小型圓璧 1 件〔註29〕。

2. 燕地殷移民

1975 年北京北郊的昌平白浮村發掘了 3 座保存較好的西周木槨墓，發掘者認為是西周早期。墓葬中的隨葬的部分器物具有北方草原文化特徵，因此學界對其族屬有不同的意見，有的認為其屬於燕國貴族墓葬或燕國商遺民〔註30〕，也

〔註27〕臨汾地區文化局，洪洞永凝堡西周墓葬發掘簡報〔A〕，山西省考古學會，山西省考古研究所，三晉考古（第 1 輯）〔C〕，太原：山西人民出版社，1994：71～94，山西省文物工作委員會，洪洞縣文化館，山西洪洞永凝堡西周墓葬〔J〕，文物，1987（2）：1～16。

〔註28〕北京市文物研究所，琉璃河西周燕國墓地（1973～1977）〔M〕，北京：文物出版社，1995。

〔註29〕中國社會科學院考古研究所，北京市文物工作隊琉璃河考古隊，1981～1983 年琉璃河西周燕國墓地發掘簡報〔J〕，考古，1984（5）：405～416。

〔註30〕李伯謙，張家園上層類型若干問題研究〔A〕，北京大學考古文博學院，北京大學中國考古學研究中心，考古學研究（二）〔C〕，北京：北京大學出版社，1994：131～143，韓建業，略論北京昌平白浮 M2 墓主人身份〔J〕，中原文物，2011（4）：36～38，張禮豔，胡保華，北京昌平白浮西周墓族屬及相關問題辨析〔A〕教育部人文社會科學重點研究基地，吉林大學邊疆考古中心，邊疆考古與中國文化認同協同創新中心，邊疆考古研究（第 22 輯）〔C〕，北京：科學出版社，2018：177～190。

有的認為屬於北方民族〔註31〕，還有認為其屬於張家園上層文化〔註32〕。其中
出土玉璧1件〔註33〕。

3. 西張村西周墓

西張村西周墓位於河北省元氏縣西張村西周遺址的中部偏北區域，1978
年發現並清理，出土銅、玉器39件，其中玉璧2件〔註34〕。

六、魯及其周邊地區

魯國是周公的封國，是西周時期的重要諸侯國，另外在魯國的周邊地區還
分布著很多小封國，《戰國策・楚策五》中就記載在魯國南部的泗水流域就有
「泗上十二諸侯」。20世紀以來，西周的考古工作基本圍繞這些封國地域展開，
其中比較重要的發現有曲阜魯國故城遺址、濟陽劉臺子西周墓地、滕州前掌大
西周墓地、長清仙人臺遺址等。玉器主要出自各封國的墓葬中。

1. 魯國故城

西周時期魯國玉器主要出自曲阜魯國故城的各處墓地中，1977～1978年
在魯國故城西部發現6處墓地，其中4處進行了考古發掘，清理兩周時期墓葬
120餘座。墓葬根據隨葬品形製及葬俗可分為兩組，甲組分布於藥圃、鬥雞臺
及縣城西北角，為當地的土著居民墓葬；乙組主要位於望父臺附近，為周人墓
葬，兩組墓葬分屬於不同的墓地〔註35〕。甲組墓葬中僅有5座，乙組中有10
座為西周時期墓葬〔註36〕。其中曲阜魯城西「望父臺」墓地M48中出土玉璧，
其餘墓葬中未發現玉璧〔註37〕。

〔註31〕 楊建華，商周時期女性墓葬中的軍事將領——婦好墓與白浮墓的分析〔A〕，
　　　　女性考古與女性遺產〔C〕，南京：南京大學出版社，2011：77～81。

〔註32〕 北京市文物研究所，北京市考古五十年〔A〕，新中國考古五十年〔C〕，北京：
　　　　文物出版社，1999：8～11，烏恩岳斯圖，北方草原考古學文化研究——青銅
　　　　時代至早期鐵器時代〔M〕，北京：科學出版社，2007：252～275。

〔註33〕 北京市文物管理處，北京地區的又一重要考古收穫——昌平白浮西周木槨墓
　　　　的新啟示〔J〕，考古，1976（4）：246～258，228。

〔註34〕 河北省文物管理處，河北元氏縣西張村的西周遺址和墓葬〔J〕，考古，1979
　　　　（1）：23～26，103～105。

〔註35〕 張學海，試論魯城兩周墓葬的類型、族屬及其反映的問題〔A〕，中國考古學
　　　　會，中國考古學會第四次年會論文集〔C〕，北京：文物出版社，1985。

〔註36〕 許宏，曲阜魯國故城之再研究〔A〕，先秦城市考古學研究〔C〕，北京：燕山
　　　　出版社，2000：171～184。

〔註37〕 山東省文物考古研究所，山東省博物館，濟寧地區文物組等，曲阜魯國故城
　　　　〔M〕，濟南：齊魯書社，1982：89～188。

2. 濟陽劉臺子逄國墓地

劉臺子墓地位於山東省濟陽縣姜集鄉劉臺子村。1979、1982、1985 年先後進行了 3 次考古發掘工作，清理西周時期墓葬 4 座。根據出土的青銅器銘文推斷，為西周時的逄國墓地，時代為西周早期。西周早期墓葬 M2 中墓主人胸部正中央出土白色玉璧 1 件。西周早期偏晚（昭王）M6，的頭部上方有玉璧 3 件，胸部正中央放置 2 件〔註38〕。

3. 滕州前掌大墓地

滕州前掌大墓地位於山東省滕州市前掌大村，1964 年調查發現，1981～1999 年先後進行了 8 次發掘，清理墓葬 120 餘座，墓地的主要使用時代在西周時期，最早可至商末，關於墓地的歸屬學界尚有爭議，可確定應與「史」族相關〔註39〕。墓地出土玉璧 17 件，其中 1 件僅 1.9 釐米，歸為珠可能更為合適〔註40〕。

七、其他諸侯國

除了大的諸侯國及其周邊地區外，還在有些零星的發現。

1. 弦國墓地

位於寶雞市渭河兩岸的臺地上，由茹家莊、竹園溝、紙坊頭三處墓地組成。1974～1981 年間，進行了兩次考古發掘，共清理墓葬 46 座、車馬坑 2 座、馬坑 7 座。綜合墓葬出土青銅器銘文、墓葬形製等分析推斷，此處為西周時期弦國貴族墓地，使用下限到西周中期。

弦國墓地出土了大量玉石器，玉璧是其中的主要種類。玉璧主要見於竹園溝和茹家莊地點，紙坊頭地點尚未發現，並且多出自墓地的大中型墓葬中，在

〔註38〕德州行署文化局文物組，濟陽縣圖書館，山東濟陽劉檯子西周早期墓發掘簡報〔J〕，文物，1981（9）：18～24，德州地區文化局文物組，濟陽縣圖書館，山東濟陽劉檯子西周墓地第二次發掘〔J〕，文物，1985（12）：15～20，山東省文物考古研究所，山東濟陽劉檯子西周六號墓清理報告〔J〕，文物，1996（12）：6～24。

〔註39〕中國社會科學院考古研究所，滕州前掌大墓地（上）〔M〕，北京：文物出版社，2005，根據學界新的研究成果，認為前掌大墓地的時代在商末至西周早期階段，最晚至西周中期偏早階段。曹斌，前掌大墓地性質辨析〔J〕，考古與文物，2015（2）：40～46。

〔註40〕中國社會科學院考古研究所山東工作隊，山東滕州前掌大商周墓地 1998 年發掘簡報〔J〕，考古，2000（7）：13～28。

7 座墓葬中發現玉璧，共 22 件〔註41〕。

2. 㵎國

甘肅地區在商末周初時分布著一些部族與方國。1967 年在甘肅靈臺縣西屯公社白草坡大隊發現一座西周墓葬，1972 年在 M1 附近進行了考古發掘，清理西周墓葬 8 座、車馬坑 1 座。其中 M1、M2 為中型墓葬，根據青銅器銘文推斷，墓主人為㵎伯和陵伯，推斷此處為西周時期㵎國所在，墓地為㵎國的公共墓地，時代大致為西周早期至西周中期。㵎國墓地中曾出土一批玉器，其中有玉璧〔註42〕。

3. 芮國

芮為姬姓，周文王後期就已出現，武王將卿士芮伯良封於芮邑，成王時立國。芮雖為小國，但是根據文獻及青銅器銘文記載，終西周一代至春秋初年，多位芮君先後在周王室擔任執政大臣，是當時具有影響力的封國〔註43〕。公元前 640 年，芮為秦穆公所滅。

芮曾數次遷徙，根據文獻記載，西周時期芮國的地望在學界有陝西大荔、隴縣，山西芮城的說法。韓城梁帶村兩周芮國遺址的發現，為西周時期芮國所居提供了考古學證據。

梁帶村芮國遺址在 2005～2008 年的考古工作中發現並發掘西周中晚期至春秋早期芮國貴族墓地，已發掘墓地的北區部分墓葬時代偏早，為西周晚期，其中出土少量玉璧，中字形墓葬 M586、甲字形墓葬 M502 中出土玉璧〔註4〕。

八、四川地區

四川地區在商代是玉璧使用獨具特色的一個區域，金沙遺址各祭祀遺跡

〔註41〕盧連成，胡智成，寶雞強國墓地〔M〕，北京：文物出版社，1998：17～456，北京大學震旦古代文明研究中心，北京大學中國考古學研究中心，寶雞青銅器博物館等，強國玉器〔M〕，北京：文物出版社，2010。

〔註42〕甘肅省博物館文物隊，甘肅靈臺白草坡西周墓〔J〕，考古學報，1977（2）：99～130，吉琨璋，中國玉器通史：周代卷〔M〕，深圳：海天出版社，2014：85～90。

〔註43〕張天恩，芮國史事與考古發現的局部整合〔J〕，文物，2010（6）：35～42，張天恩，周代芮國君主的稱謂及其世系〔A〕，北京大學中國考古學研究中心，古代文明（第 10 輯）〔C〕，北京：科學出版社，2016：229～241。

〔註44〕陝西省考古研究院，渭南市文物保護考古研究所，韓城市景區管理委員會，梁帶村芮國墓地——2007 年度發掘報告〔M〕，北京：文物出版社，2008。

的活動階段分了三個階段，第二階段是出土玉石璧最多的階段，也是祭祀活動最具規模的階段，這一階段的時代的下限可至西周中期，但是最主要的遺跡集中在商代。第三階段大致相當於西周晚期至春秋早期，這一階段玉器、銅器、金器及象牙器驟減，但仍有少量玉璧出土〔註45〕。

九、湖湘地區

西周時期湖湘地區仍有玉璧出土，只是玉璧的數量非常少見，玉璧的種類仍為有領璧。湖南永州寧遠官家岩遺址、江華拱門山遺址發現有領璧1件。官家岩遺址第一期年代為西周時期，第二期大約為春秋時期；拱門山遺址一期遺存年代約在商代，二期遺存年代約為西周至春秋〔註46〕。璧類石器形態與製作工藝與珠江三角洲地區具有一定的相似性。瀟水流域在相當於中原夏商至春秋階段的遺存中發現的有領玉石環數量比湘江流域更少，年代跨度也大，從另一個側面反映出商人南進對湘贛青銅文化影響力的遞減態勢。另外在其他地區也有零星的發現，如湖北省黃陂縣魯台山兩周墓地中有 5 座墓葬屬於西周時期，時代從西周早期成王時期至康王時期，下限可能至昭穆時期。其中M30、M36中出土玉璧。

需要說明的是本章中關於各遺址及出土玉璧的描述除另有注明外，均出自本節提及的考古簡報及報告中。

第三節　西周玉璧的型式分析

西周玉璧的發現數量較商代有大幅度的減少，主要出土於西周墓葬當中，在遺址、窖藏中也有少數發現。西周王疆域廣闊，封國眾多，比較集中的分布於周王朝的京畿之地和諸侯國的都邑遺址，如周原、張家坡西周墓地、天馬一曲村遺址晉侯墓地、上村嶺虢國墓地、平頂山應國墓地、辛村衛國墓地、琉璃河燕國墓地、曲阜魯國故城、仙人臺邿國墓地、濟陽劉臺子逄國墓地、寶雞強國墓地、靈臺白草坡潶伯墓和陵伯墓等。

玉璧主要有圓璧、有領璧、牙璧和璜聯璧四類。其中以圓璧的數量最多，其餘各類僅發現數件。其餘器類中還不能排除有夏商遺玉，因此西周玉璧中絕

〔註45〕成都文物考古研究所，金沙玉器〔M〕，北京：科學出版社，2006：46～60。
〔註46〕湖南省文物考古研究所，坐果山與望子崗：瀟湘上游商周遺址發掘報告〔M〕，北京：科學出版社，2010。

大多數為圓璧。

一、圓璧

圓璧為西周時期玉璧中最為常見，也是數量最多的種類，根據玉璧的器形大小可分為大型圓璧和小型圓璧兩類，與新石器時代、商代的分類方式相同，直徑小於 5 釐米者為小型圓璧。

1. 大型圓璧

大型圓璧是西周所見最多的玉璧種類，在西周京畿及各封國貴族墓地皆有發現。器物一般在 7～12 釐米之間，還有部分玉璧直徑超過 15 釐米的玉璧，比較少見。根據玉璧的中央鑽孔大小，可將其分為兩型。

A 型　中孔較小，中孔窄於璧面寬度。皆為素面，多見於墓葬之中，也有少數見於建築基址和窖藏。比較典型的出土單位有周原扶風北呂村 M125、張家坡墓地 M123、晉侯墓地 M9、彭陽姚河源遺址、周原召陳西周建築基址、召公鄉成王村窖藏等。器形規整，厚薄均勻，中孔管鑽後修整。直徑超過 15 釐米的玉璧多為此類型。如周原北呂村 M125，直徑 6.6、孔徑 1.1、厚 0.2 釐米（圖 27，1）。晉侯墓地 M93：17，出自墓主人腹部，玉色斑駁。素面，直徑 24、孔徑 6.8，厚 0.45 釐米（圖 27，2）。

圖 27　西周大型圓璧

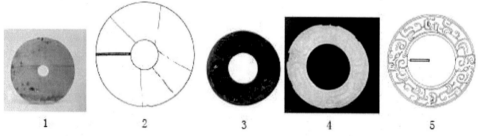

1、2.A 型（扶風北呂村 M125、晉侯墓地 M93：17）　　3.Ba 型（扶風莊白遺址）
4、5.Bb 型（扶風召陳建築基址、晉侯墓地 M31：66）

B 型　中孔較大，中孔寬於璧面寬度，是西周時期玉璧的主要類型。主要見於墓葬、遺址及窖藏中。根據璧面是否有紋飾，可分為 2 亞型。

Ba 型　素面。見於西周的主要遺址及墓地中。如周原南坡村、高三村西周窖藏、晉侯墓地 M8 等。扶風莊白西周遺址，器形較規整，管鑽成形，外緣保留管鑽痕，中孔管鑽後修整，素面。直徑 8、孔徑 3.2、厚 0.4 釐米（圖 27，3）。

Bb 型　璧面琢刻紋樣，有重環紋、夔龍紋等。僅見於周原遺址、晉侯墓地中。如周原召陳建築基址雙龍紋玉璧，器形規整，雙面琢刻兩條首尾相隨的側身龍紋，橢圓眼，張口，上唇上卷，單腿單足，身飾重環紋。直徑 10.8、孔徑 5.9、厚 0.3 釐米（圖 27，4）。晉侯墓地 M31：66，器形規整，一面光素，一面飾人龍合雕紋。直徑 12.9、孔徑 7.1、厚 0.3 釐米（圖 24，5）。

2. 小型玉璧　小型圓璧根據中孔大小，可分為兩型

A 型　中孔較小，中孔窄於璧面寬度。根據璧面是否有紋飾，可分為 2 亞型。

Aa 型　素面。在小型玉璧中更為多見，在周原遺址、豐鎬張家坡墓地、晉侯墓地、劉臺子西周墓地、應國墓地、弭國墓地、前掌大墓地等。周原王家嘴 M2，器形較規整，邊緣有殘損，器體較厚，中孔較小，管鑽。直徑 4.8、孔徑 0.8、厚 0.7 釐米（圖 28，1）。張家坡 M58：10，墨綠色軟玉，器形規整，中孔管鑽。直徑 4.3、孔徑 0.7、厚 0.4 釐米（圖 28，2）。

Ab 型　器表琢刻有團龍、團鳳等紋飾。如扶風黃堆 M34，橢圓形，正面略鼓，正面琢刻團鳳紋，背面琢刻渦紋。直徑 3.1～2.7、孔徑 0.4 釐米。劉臺子 M6：41，墨綠色，器形規整，中孔較大，雙面琢刻團身龍紋，走向相反，放置於頭頂。直徑 3.9、孔徑 0.3、厚 0.5 釐米（圖 28，3）。

圖 28　西周小型圓璧

1、2.Aa 型（王家嘴 M2、張家坡 M58：10）　3.Ab 型（劉臺子 M6：41）　4.Ba 型（張家坡 M163：25）　5.Bb 型（張家坡 157：107）

B 型　中孔較大。根據璧面是否有紋飾可分為 2 亞型。

Ba 型　素面。見於周原各墓地、遺址、張家坡墓地、應國墓地、前掌大墓地等。張家坡墓地 M163：25，透閃石軟玉，青綠色。器形規整，光素。直徑 3、孔徑 1.2、厚 0.3 釐米（圖 28，4）。

Bb 型　器表琢刻紋飾，有團龍、團鳳、重環紋、渦紋等，以團龍團鳳紋

最為常見。張家坡 M157：107，器形規整，中孔管鑽，一面光素，一面琢刻重環紋。直徑 4.1、孔徑 2、厚 0.4 釐米（圖 28，5）。劉臺子 M6：81 雙面琢刻團龍紋，張家坡 M52：16 單面琢刻團鳳紋。

二、有領璧

有領璧在西周時期非常少見，在周文化區域、湖湘地區、四川地區都有發現，周文化區域所見可能為商代遺物，見於周原齊家 M19、召陳建築基址、長子口西周墓等。有領璧的璧面較寬，而且皆為素面，沒有同心圓紋。如長子口 M1：280，米黃色，出土時破碎成數塊。器璧薄而勻，中孔較大對鑽而成，製作精細。素面。直徑 17.8、孔徑 6.6、厚 0.3 釐米（圖 29，1）。扶風齊家 M19，器形規整，領沿外翻，璧面光素。直徑 10.8、孔徑 5.2、厚 0.3 釐米（圖 29，2）。

圖 29　西周有領璧

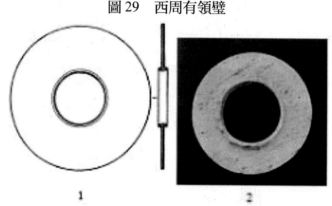

1.長子口 M1：280　2.扶風齊家 M19

三、牙璧

牙璧在西周時期比較少見，器形及齒牙的製作更具有夏商遺風，不能排除是早期遺物的可能性。見於滕州前掌大墓地、張家坡墓地、晉侯墓地等。皆為圓形牙璧，根據齒牙情況可分為兩型。

A 型　有牙有齒。器形較小，中孔管鑽較小。見於前掌大墓地、張家坡墓地。張家坡 M129：21，扁平圓形，外緣均等切出 5 牙，牙外琢刻冠形三齒，正面陰刻同心圓紋。直徑 4.3、孔徑 1、厚 0.7 釐米（圖 30，2）。前掌大 M120：77，器形規整，外緣等距切出 4 牙，牙外琢刻 4 齒呈冠形（圖 30，1）。

B 型　有齒無牙。器形較大，見於晉侯墓地 M93：8，出自墓主人胸部，淡黃色。外緣等距琢刻 7 組冠形小齒，璧面近外緣鑽 4 組，每組 2 個小孔。直

徑 13、孔徑 7 釐米（圖 30，3）。

圖 30　西周牙璧

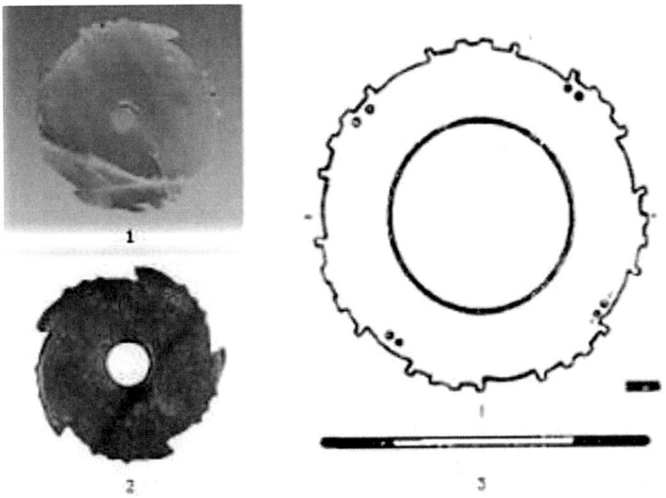

1、2.A 型（前掌大 M120：77、張家坡 M129：21）
2.B 型（晉侯墓地 M93：8）

四、璜聯璧

　　僅見於周原遺址，皆出自窖藏中，扶風太白鄉高家嘴、高三村、四戶南坡村西周窖藏。亦可能為早期遺玉。如高家嘴窖藏，由三件玉璜綴連而成，器形規整，厚薄均勻，直徑 18.6、孔徑 6.9、厚 0.4 釐米（圖 31，1）。南坡村窖藏，由兩件玉璜綴連而成，其中 1 件經綴補，似玉璧製成後切割綴連，外緣留有管鑽臺痕，中孔單面管鑽。直徑 10.3、孔徑 7.7 釐米（圖 31，2）。高三村窖藏，由三件玉璜綴連而成，器形不甚規整，直徑 10、孔徑 6 釐米（圖 31，3）。

圖 31　西周璜聯璧

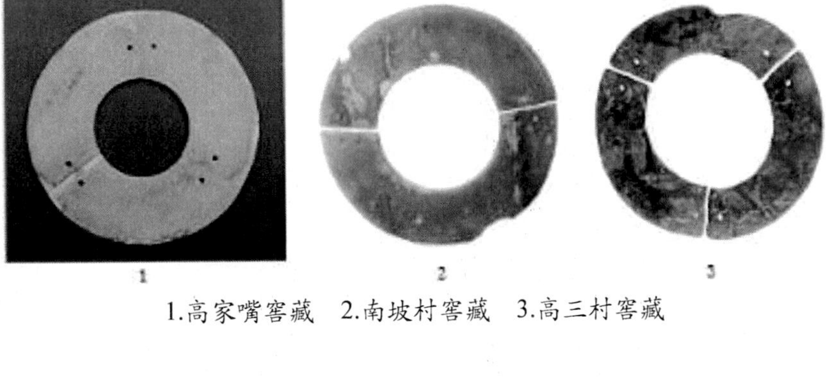

1.高家嘴窖藏　2.南坡村窖藏　3.高三村窖藏

第四節　西周玉璧的製作工藝

西周玉璧的製作方式與商代玉璧基本相近，而且西周玉璧中以圓璧為大宗，有領璧、牙璧、璜聯璧皆為少數，而且其中有的為夏商遺玉，因此在製作工藝的討論以圓璧的製作為主。圓璧的器形在新石器時代至夏紀年時期已基本定型，製作工藝商周玉璧基本相仿，仍以成坯、成形、成器三個大步驟，商代玉璧璧面的同心圓紋，仍有製作痕跡與專門琢刻的爭議，西周玉璧中已開始明確的琢刻紋樣，因此西周玉璧的製作可分為切割成坯、管鑽成形、刻紋、修整成器四個步驟。

一、成坯

商代玉璧的成坯技術已經比較成熟，西周時期的玉璧的製作方式承繼商代，璧面較薄、厚薄均勻，有些玉璧的璧面仍留有切割痕跡，應仍以片切割成坯為主。

二、成形

西周玉璧多數器形規整，內外輪廓較圓，有些玉璧外緣留有管鑽的臺痕，因此可能在這一階段外廓主要以管鑽成形。小型圓璧很可能是利用大型圓璧的璧芯製作而成，外廓也比較周正。也有一部分玉璧的器形不太規整，不能排除是早期遺物的可能性，也可能是仍沿用新石器時代的製作方式，切割成形後琢磨修整。

三、刻紋

西周主要在圓璧上琢刻紋飾，主要見於小型圓璧，大型圓璧與小型圓璧的紋樣有所區別。小型玉璧的璧面上多為團鳳紋，也有團龍紋、重環紋；大型圓璧上主要為首尾相接的雙龍紋，還有 1 件為人龍合雕紋樣。

對西周玉器刻紋方法，多以「雙陰線斜刀」來描述。以雙線琢刻紋飾，其中一條陰線為斜刀手法。所謂的斜刀，即斜坡面寬線條。雙陰線大斜刀是西周刻紋的獨特技法，但是並非從西周初期就發展成熟。西周早期，尤其是初期階段，仍多沿用商代雙陰線琢刻技法，西周早期偏晚階段開始，雙陰線斜刀逐漸使用，並於西周中晚期發展成熟，而至西周晚期晚段，雙陰線斜刀斜坡面變窄，有些又變為雙陰線。

對於西周時期的刻紋工具，尚未有突破性的考古學證據。一般認為可能為用尖銳工具劃刻而成，線條多次劃刻而成，因此在線條兩側，尤其是轉彎處，常有歧出的線紋。

四、成器

修整、拋光成器。西周玉璧多數拋光細緻，璧面光潔，個別圓璧表面留有切割痕跡，但並不多見。璧面刻紋線條流暢，表面經細緻修整、拋光，多次劃刻的製作痕跡多經修整。

第五節　西周玉璧的使用

從已有的考古資料看，西周玉璧的發現相較商代時期數量有所減少，出土玉璧的遺址集中在西周王畿地區及各諸侯封國之中，而且多見於墓葬，也有少數見於窖藏及遺址中。

一、西周玉璧出土遺跡類型

1. 墓葬

西周玉璧最主要見於墓葬，在西周豐京、鎬京、周原、洛邑等都邑附近及各封國高等級貴族墓葬中皆有出土。從西周早期至西周晚期皆有發現。

玉璧的主要種類為大小型圓璧，也有少量的有領璧、牙璧，僅有數件。大小型圓璧的出土比例基本相當，大型圓璧基本為素面，璧面有紋飾的為極少數，小型圓璧中帶紋飾的數量比大型圓璧多，紋樣多為團龍紋、團鳳紋、重環紋等。

2. 窖藏

主要見於周原地區，西周窖藏多為青銅器窖藏，其中也有幾處，扶風召公鎮呂宅成王村西周二號窖藏，午井鎮四戶南坡村西周窖藏，太白鄉浪店高家嘴村、高三村西周窖藏中皆發現玉璧。玉璧的種類為大型圓璧和璜聯璧，周原地區所見的璜聯璧主要都出自這幾處窖藏之中。

出土情況比較明確的成王村西周二號窖藏中玉璧與 8 件銅斧、4 件貝同出，放置於 1 件三足甕中。商代湖湘地區發現的幾處窖藏中，玉器放置於青銅器中，學界多認為其與一定的祭祀活動相關。幾處窖藏中出土的玉器數量並不多，僅有數件，而且皆為素面，並非琢刻紋飾、製作精緻之器，同出的也非青銅酒器、容器等重器，另外，成王村窖藏銅器、玉器皆置於三足甕中，是否與祭祀活動有一定的關聯，稱為窖藏似可商榷。

3. 遺址

主要見於周原地區，扶風法門召陳建築基址、莊白村玉器作坊遺址、案板

遺址西周灰坑中都出土有玉璧，種類有有領璧、大型圓璧，其中大型圓璧為主。時代從西周早期至晚期。

遺址中所見玉璧器形較大，製作較精細，且也多為素面，其中有一件龍紋玉璧，是西周中期少有的琢刻紋樣的大型圓璧。

二、西周玉璧出土位置

西周玉璧仍主要見於墓葬之中，玉璧的雖然仍多出自棺槨或墓主人身體附近，但是出土位置較商代更為多樣，在填土、棺槨上、棺槨間、槨室或邊箱、二層臺，身體附近各個位置如頭部、頸部、口部、胸腹部、身下等都曾有發現，放置位置並不固定，主要有以下情況：

1. 填土

發現於墓葬的填土中。如晉侯墓地 M64 的墓室填土中有璧、戈等玉器，再如 M93，墓室上部填土中發現玉璧、戈、圭、柄形器等。

2. 棺槨之上

玉璧放置於棺或槨之上，有的放於棺上，有的放於槨蓋上或內棺蓋上。放置玉璧的種類有大型圓璧、小型圓璧、有領璧及牙璧。如長子口西周墓中 1 件有領璧出自棺北部，可能原放置於棺上［註47］。仙人臺 M6 中棺上放置 1 件大型圓璧。虢國墓地 M2001 的內棺蓋上放置 2 件大型玉璧，M1820 的槨蓋上放置大型圓璧 1 件，M2012 的墓主人內棺蓋上發現大型圓璧 1 件。浚縣辛村 M1 的槨頂上放置牙璧 1 件。

3. 棺槨之間

玉璧出自墓葬的棺槨之間。如晉侯爕父夫人墓 M113 中出土有領璧 2 件，其中 1 件與串飾一起置於木質方匣內，出土自棺槨間北側。虢國墓地 M1820 的棺槨之間西北角出土玉璧 1 件。張家坡 M163 中西側棺槨之間殘留玉璧 1 件。

4. 槨室

玉璧出自槨室內側。如鹿邑太清宮商墓中北槨室出土大型圓璧 1 件。晉侯墓地 M31 中槨室右側放置玉璧 1 件。京廣線東 M1029 的槨室內出土小型圓璧 1 件。張家坡 M157 的槨內西南角中出土小型圓璧 1 對。

〔註47〕河南省文物考古研究所，周口市文化局，鹿邑太清宮長子口墓〔M〕，鄭州：中州古籍出版社，2000：13～14。

5. 二層臺

玉璧出自墓葬的二層臺上，僅見於張家坡 M129，在二層臺上出土 1 件小型牙璧。

6. 棺內側

玉璧出自棺內側。如張家坡墓地 M14 的棺內東北部疊放兩件小型圓璧。晉侯墓地 M2 的棺內西側底部就出土大型圓璧 1 件。

7. 頭部

玉璧出自頭部附近，多出自頭頂位置，頭兩側及腦後也有發現。如虢國墓地 M2013 中頭部出土小型圓璧 1 件。劉臺子 M6 的墓主人頭部放置小型圓璧 3 件。張家坡墓地 M58 中墓主人頭部出土小型圓璧 1 件。晉侯墓地 M63 的墓主人頭頂位置發現有領璧 1、小型圓璧各 1 件；M6231、M6214 的墓主人頭部各出土小型圓璧 1 件；M131 的墓主人腦後出土小型圓璧 1 件。強國墓地竹園村 M13、M7 的墓主人頭部都發現小型圓璧 1 件。

8. 頸部

玉璧出自墓主人頸部，頸後或兩側等位置。應國墓地 M231 中墓主人頸部出土小型圓璧 2 件。晉侯墓地 M92 中墓主人頸部兩側出土小型圓璧 2 件，與瑪瑙管珠同出。

9. 口中

玉璧出自墓主人口中，比較少見，見於琉璃河 I M50，墓主人是殷遺民，在其口中出土小型圓璧 1 件。

10. 胸腹部

玉璧放置於墓主人胸腹部，主要位於胸部中央，是西周時期玉璧最常見的放置位置，在各封國的高等級貴族墓葬中皆有發現。玉璧的種類有大型圓璧、小型圓璧和牙璧，以大型圓璧更為多見。如虢國墓地 M1810 的墓主人胸腹部放置玉璧 3 件。應國墓地 M84 的墓主人胸部出土大型圓璧 1 件，玉璧碎為 4 塊；M1 的墓主人胸部放置大型圓璧 1 件，碎為 3 塊。琉璃河 II M209 的墓主人胸部正中發現大型圓璧 1 件。滕州前掌大墓地 M119 的墓主人左胸口放置小型圓璧 1 件。劉臺子 M6 的墓主人為國君夫人，胸部正中放置小型玉璧 2 件。晉侯墓地 M93 的墓主人胸腹部自上而下依次放置大型圓璧、牙璧共計 6 件。周原北呂村 M1 的墓主人胸腹部放置小型圓璧 1 件。

11. 身下

玉璧放置於墓主人的肩下、背下、腰下等位置。有些墓葬中各個位置皆有放置，如虢國墓地國君虢季 M2001 中墓主人左右肩下、左側骨盆各壓玉璧 1 件；M2012 在腰下、左肩下各放置 1 件。也有的放置於身下某個位置，如晉侯墓地 M113 墓主人胸腹部下壓有領璧 1 件；M31 中墓主人背部壓著 2 件玉璧；M8 的墓主人肩下壓雙環三玦，背下壓玉鉞、玉璧各 1 件。

12. 身側

玉璧出自墓主人身側或身體附近。虢國墓地虢太子墓 M2011 中墓主人左臂附近出土 1 件玉璧。晉侯墓地 M31 的墓主人身左側出土小型圓璧 1 件。

13. 身上

玉璧放置於墓主人身上，如晉侯墓地 M63 的墓主人身體從上至下放置大型玉璧 9 件，其中 1 件放置於陰部。魯城望父臺墓地 M48 中墓主人陰部出土玉璧 1 件。

14. 腰坑

這種放置位置比較少見，僅見於漷國墓地 M2 中，在墓葬的腰坑位置放置 1 件大型圓璧。

三、西周玉璧出土組合

1.玉璧、戈、柄形器組合是商代玉璧的常見組合，在西周高等級貴族墓葬中多有發現，張家坡墓地、虢國墓地、弭國墓地、晉侯墓地等高等級的貴族墓葬中皆有發現。張家坡墓地 12 座出土玉璧的墓葬中就有 8 座墓葬存在這種組合。虢國墓地虢君季、虢君夫人、虢太子墓中也發現這種組合。

2.玉璧、戈組合在西周墓葬中玉戈與玉璧組合使用，是比較固定的組合。一般放置於墓主人胸腹部或棺蓋之上，有大玉戈和大型圓璧，也有些小型玉戈、小型圓璧，放置於胸部的多為大型圓璧、大型戈。如周原北呂村 M1、M27。組合形式如晉侯墓地 M8 中墓主人胸腹部正中放置玉戈、玉璧各 1 件，玉戈放置於玉璧之上。虢國墓地虢季墓的內棺蓋板上出土有玉璧、小玉戈等。

3.玉璧、琮組合《周禮》有記「蒼璧禮天，黃琮禮地」。在扶風案板坪遺址的一座灰坑中出土一組玉璧、玉琮組合，出土時玉琮套於玉璧之中。可能存在一定的專屬意義。

4.大型圓璧、璜、玦、管珠等組佩由璧、璜、玦、瑪瑙管珠等組合成玉佩。

這種組合不是很常見。晉獻侯墓 M8 中曾出土三璜雙環雙玦組佩、多璜過珩連環組佩位於頸部、胸部，與西周高等級墓葬中多件多璜組玉佩有比較大的差別。

5.小型圓璧、管珠等組合串飾由小型圓璧、管珠等組合形成各類串飾，有的為項飾，也有腕飾，還有耳飾。小型圓璧在串飾中多為總束（堵頭），將串飾提攜起來。在西周時期比較常見，應國墓地 M84、M231，浚縣辛村、晉侯墓地、強國墓地、劉臺子墓地、虢國墓地、琉璃河墓地等皆有發現。如應國墓地 M231 中墓主人頸部發現小型圓璧和玉、瑪瑙管珠配合組成的串飾兩組，小型圓璧位於串飾上端，是兩組串飾的總束。

四、西周玉璧的使用制度

周人在立國之前就比較重視禮，《詩經》中多有記載。「后稷肇禮」，公劉「弓矢斯張，干戈戚揚」，周人貴族「俾筵俾几，既登乃依」，有一定的禮儀。文王時「小心翼翼，昭事上帝」「厥作祼將，常服黼冔」。西周建國伊始，「以藩屏周」，採用分封制度對西周疆域進行了有效的管理，穩定並鞏固了周王朝的統治，建立封建制度來規範、管理國家。建立宗法制度來約束諸侯與周王之間的隸屬關係，規範政治權力和財產的繼承〔註48〕。基於這樣的政治體系，在西周的疆域範圍內，其玉文化面貌相較商代更為統一。

周文化在西周中期發生過顯著變化，列鼎制度、棺槨制度為主要標誌的喪葬等級制度基本形成；青銅器演化在西周禮制的發展以共王時期為分界，經歷了前後兩個階段；西周金文中也顯示出周禮多數是在穆王前後完備〔註49〕。這些改變與確立，在用玉方面也有表現，用玉逐漸形成一定的制度。至遲到西周中期，西周玉禮基本形成，祭玉、瑞玉、佩玉、葬玉並重，玉禮的發展達到了一個更高的階段〔註50〕。

根據玉璧考古發現的資料，多出自墓葬中，玉璧的使用方式比較單一，而且多為放置，所涉及的多為喪葬用璧、服飾用璧，應該也有一些禮儀用璧的內容。

〔註48〕 李峰著，徐峰譯，湯惠生校，西周的滅亡——中國早期國家的地理和政治危機〔M〕，上海：上海古籍出版社，2016：119～121。

〔註49〕 北京大學歷史系考古教研室商周組，商周考古〔M〕，北京：文物出版社，1979：215，曹瑋，從青銅器的演化試論西周前後期之交的禮制變化〔A〕，周秦文化研究編委會，周秦文化研究〔C〕，西安：陝西人民出版社，1998：443～456，劉雨，西周金文中「周禮」〔A〕燕京研究院，燕京學報（新三期）〔C〕，北京：北京大學出版社，1997：55～112。

〔註50〕 何宏波，先秦玉禮研究〔D〕，鄭州：鄭州大學，2001：145～146。

1. 服飾用璧制度

佩繫，是玉璧作為美石製品，從產生伊始就具有的原始功能。新石器時代至夏紀年時期的佩繫方式與位置多樣，而發展至西周時期，玉璧在服飾方面的使用，更趨規範。從已有的發現來看，主要涉及到髮飾用璧、耳飾用璧、項飾用璧、腕飾用璧等幾個方面。

髮飾用璧：西周時期高等級墓葬中，墓主人頭部多發現一些小型玉器，如璧、柄形器、管、琮及動物形佩飾等，與當時束髮、飾髮有關，玉璧是其中一類。用於髮飾的玉璧一般為小型圓璧，僅有少數為大型圓璧，而且在西周早中期比較流行。在三個等級中都有發現，是高等級墓葬中比較常見的服飾用璧。男女性墓葬中都有發現，女性墓葬偏多，男性墓葬中頭部多發現大型圓璧，這種情況在女性墓葬中不見（表5）。

表5　西周髮飾用璧典型出土單位

墓葬等級	封國	墓　葬	時　代	墓主人	性別	玉璧情況	出土位置
第一等級	逄國	劉臺子 M6	西周早期偏晚昭王	逄國國君夫人	女	小型圓璧 5	頭部正上方 3
第一等級	強國	竹園溝 M7	西周早期康昭之間	強伯	男	大型圓璧 2	頭部右側 1
第一等級	強國	茹家莊 M1 甲	西周中期	強伯殉妾	女	小型圓璧 10	頭部 1，
第一等級	晉國	晉侯墓地 M63	西周晚期宣幽時期	晉穆侯夫人楊姞	女	大型圓璧 9 有領璧 1，小型圓璧 1	頭頂有領璧 1
第一等級	芮國	梁帶村墓地 M586	西周晚期		男	大型圓璧 1	下頜 1
第一等級	芮國	梁帶村墓地 M502	西周晚期			大型圓璧 2	頭部兩側 2
第二等級	強國	竹園溝 M1	西周早期成康時期	強季	男	大型圓璧 2	頭部 1
第二等級	晉國	曲村 M6080	西周早期		女	小型圓璧 3	頭下 3
第二等級	晉國	曲村 M6214	西周早期		女	小型圓璧 1	頭頂 1
第二等級	晉國	曲村 M6231	西周早期		男	小型圓璧 1	頭頂 1

第三等級	豐鎬 井叔	張家坡 M58	西周中期 早段			小型圓璧 1	頭部
第三等級	豐鎬 井叔	張家坡 M44	西周中期 早段		女	小型圓璧 1	頭端
第三等級	晉國	曲村 M7113	西周中期		女	小型圓璧 1	頭部 1
第三等級	晉國	曲村 M131	西周晚期		女	小型圓璧 1	腦後 1

　　耳飾用璧：在西周時期最常見的耳飾為玦，玉璧用作耳飾的發現比較少，在晉侯墓地晉靖侯夫人墓中有發現，墓主人頸部兩側各出土 1 件小型圓璧，與瑪瑙珠同出，組合成耳飾（表 6）。

表 6　西周項飾用璧典型出土單位

墓葬等級	封國	墓　葬	墓葬時代	墓主人	性別	玉璧情況	出土位置
第一等級	應國	M231	西周早期 康王時期	應侯應公 少夫人	女	小型圓璧 2	頸部
第一等級	強國	茹家莊 M1	西周中期	強伯及殉 妾		強伯小型圓 璧 1；殉妾小 型圓璧 10	強伯頭部 1 殉妾頸 部 1
第一等級	倗國	橫水 M1	西周中期 穆王時期	倗伯夫人	女	小型圓璧 2	頸部
第二等級	燕國	琉璃河 II M251	西周早期	大夫級貴 族		小型圓璧 1	頸部
第一等級	強國	茹家莊 M1 甲	西周中期	強伯殉妾	女	小型圓璧 10	下腹部 4

　　項飾用璧：西周時期的常見項飾一般為多璜組玉佩和小型玉器、瑪瑙管珠等組合而成的串飾。這兩類項飾中皆發現用璧。

　　項飾用璧主要有兩類：一類玉璧多發現於墓主人頸部、胸腹部，個別見於頭部，多為小型圓璧。據已有資料看，多為串飾或組玉佩的總束，也即堵頭；也有的為串飾組件，垂於胸腹部（圖 29）。從明確出土於頸部的玉璧看，基本見於女性墓葬，時代集中在西周早中期。另一類玉璧位於頸部及胸腹部，為大型圓璧，與璜、玦、珩及各類管珠配合成組玉佩，與常規的多璜組玉佩的組合形式不同，皆出自晉侯墓地晉獻侯籍蘇墓，有三璜雙環雙玦組佩和多璜過珩連環組佩各 1 套，屬於組玉佩的特殊形態，時代在西周晚期。

　　使用玉璧為串飾和組玉佩佩飾的墓葬等級較高，出土項飾玉璧的墓葬一般屬於第一、二等級。

　　腕飾用璧：西周時期貴族墓葬中腕部多發現有腕飾，多用小型玉器和各類管珠組成。強國墓地茹家莊 M1 強伯及殉妾的墓葬中，殉妾的右側手腕發現小型圓璧 4 件，附近還發現了瑪瑙管珠，應與玉璧相配組成腕飾。竹園溝 M6 的女性墓主人右臂發現有領璧 1 件，應為腕飾。新石器時代龍山文化時期墓葬中出土的玉璧常佩戴或放置於手臂，商代有領璧也有學者認為應是腕飾，這種佩戴方式與早期玉璧的使用方式近同。

圖 32　西周小型圓璧使用復原

1.應國墓地 M48　組玉佩　　2.應國墓地 M231　組玉佩
3.應國墓地 M231　串飾

　　西周時期服飾用璧的特點：

　　一是基本為小型圓璧，素面和琢刻紋飾的玉璧功用沒有區別；二是與瑪瑙、釉砂、綠松石等質地管珠和小型玉器組合使用；三是素面和琢刻有紋飾的小型圓璧在使用上沒有太多區別；四是出土位置比較明確，髮飾見於頭部，項飾多位於頸部、胸腹部，腕飾見於手腕等；五是小型圓璧多位於項飾頂端，尤其是琢刻紋飾的小型圓璧在串飾中起到總束的作用，在腕飾中小型圓璧是串飾中的主要器類，管珠以配。六是主要見於第一等級的女性墓葬中，男性墓葬的服飾用璧僅見髮飾用璧、特殊類型的組玉佩中。

2. 喪葬用璧制度

周代喪禮可分為喪、葬、祭三個階段，時間上前後連貫，所謂喪葬用玉是指在整個喪禮中為死者的特設之器〔註51〕。在考古發掘出土玉璧主要都見於墓葬或與墓葬相關的祭祀活動中，本節就從喪、葬、祭三個部分進行分析。

喪儀階段用璧：

喪璧應是屍身收斂時放置於棺內及墓主人身上的玉璧，在排除頭頸部、腕部等與服飾用璧相關的內容後，考古發現墓葬中玉璧放置位置有棺內側、墓主人口中、胸腹部、身下及身上幾種情況，其中胸腹部最為常見。

商代玉璧就放置在胸腹部的情況，西周這種情況更為多見。放置於胸腹部的玉璧有大型圓璧、小型圓璧、牙璧三類，大型圓璧居多。男女性墓葬中皆有發現，男性較多。玉璧多與玉戈同出，放置於墓主人胸部。至西周晚期階段，第一、二、三等級中皆有發現，但是第一等級中的比例更高（表7）。

墓主人身下放置玉璧的情況也比較多見，玉璧的種類有大型圓璧和有領璧，基本皆為大型圓璧，一般放置於背下、肩下及盆骨下，西周晚期出現多處放置的情況。男女性墓葬中都有發現，基本沒有區別。僅見於第一等級中，應是喪儀階段用璧中等級比較高的一種殮葬方式（表8）。

在內棺內玉璧的使用情況較商代較少（表9、10）。

表7　西周時期胸腹部出土玉璧典型單位

墓葬等級	封國	墓葬	時代	墓主人	性別	玉璧	出土情況
第一等級	強國	竹園溝 M13	西周早期 康王前期	強伯及殉姜		大型圓璧 1 小型圓璧 3	強伯胸部 1
第一等級	強國	竹園溝 M7	西周早期 康昭之間	強伯	男	大型圓璧 2	胸部 1
第一等級	逄國	劉臺子 M6	西周早期 偏晚昭王	逄國 國君夫人	女	小型圓璧 5	胸部 2
第一等級	應國	M84	西周中期 共王時期	應侯禹	男	大型圓璧 2	胸部
第一等級	晉國	晉侯墓地 M8	西周晚期 宣王時期	晉獻侯 籍蘇	男	大型圓璧 8	胸腹上部雙環雙玦三璜組佩，胸部正中 2，

〔註51〕孫慶偉，周代墓葬所見用玉製度研究〔D〕，北京：北京大學，2003：167～168。

第一等級	晉國	晉侯墓地 M31	西周晚期 宣幽時期	晉獻侯 夫人	女	大型圓璧 4	左胸部 2
第一等級	晉國	晉侯墓地 M64	西周晚期 宣幽時期	晉穆侯	男	大型圓璧〉1	胸腹部 1
第一等級	虢國	上村嶺 M2012	西周晚期 宣幽時期	虢君夫人 梁姬	女	大型圓璧 4	胸部右側 1，腰部 1
第一等級	虢國	M1810	西周晚期 宣幽時期	虢太子 夫人	女	大型圓璧 3	胸部 2，腰部 1
第一等級	晉國	晉侯墓地 M93	兩周之際 春秋初	晉文侯仇	男	大型圓璧〉6	胸腹部放置 大型圓璧、 牙璧、石璧 等 6
第一等級	晉國	晉侯墓地 M102	兩周之際 春秋初	晉文侯 夫人	女	大型圓璧 2	胸腹部各 1
第一等級	虢國	上村嶺 M2011	西周晚期 宣幽時期	虢太子	男	大型圓璧 1	右手外側 1 （可能原先 放置於腹 部）
第二等級	強國	竹園溝 M1	西周早期 成康時期	強季	男	大型圓璧 2	胸部 1
第二等級	燕國	琉璃河 ⅡM209	西周早期	高級貴族		大型圓璧 1	胸部
第二等級	虢國	M2013	西周晚期	下大夫級 夫人醜姜	女	大型圓璧 1	胸部
第三等級	強國	竹園溝 M16	西周早期 成康時期			大型玉璧 1	胸部
第二等級	晉國	曲村 M6231	西周早期		男	玉璧 1	腹部 1
第二等級	魯國	M48	西周晚期	魯司徒 中齊	男	大型玉璧 2 小型圓璧 1	腹部 2，陰 部 1
第二等級	山西	永凝堡 M9	西周晚期	大夫級 貴族		小型圓璧 1	腹部 1
第三等級	豐鎬 井叔	張家坡 M52			不明	大型圓璧 1	墓主人腰部 東側
第三等級	豐鎬 井叔	張家坡 M123	西周早期			大型圓璧 1	墓主人腰部
第三等級	強國	竹園溝 M12	西周中期 穆王時期			大型圓璧殘 1	腹部

表8　西周時期身下出土玉璧典型單位

墓葬等級	封 國	墓 葬	時 代	墓主人	性別	玉璧情況	出土位置
第一等級	晉國	晉侯墓地 M113	西周早期 昭王前後	晉侯燮 父夫人	女	有領璧2 小型圓璧1	背下1
第一等級	晉國	晉侯墓地 M8	西周晚期 宣王時期	晉獻侯 籍蘇	男	大型圓璧8	肩下2，背 下2
第一等級	晉國	晉侯墓地 M31	西周晚期 宣幽時期	晉獻侯 夫人	男	大型圓璧4	背下2
第一等級	虢國	上村嶺 M2001	西周晚期 宣幽時期	虢君季	女	大型玉璧9	左肩下3， 右肩下1， 盆骨下2

表9　西周時期棺內出土玉璧典型單位

墓葬等級	封國	墓葬	時 代	墓主人	性別	玉璧情況	出土位置
第一等級	晉國	晉侯墓 地 M2	西周晚期 厲宣時期	晉釐侯 夫人	女	大型圓璧1	棺內西側底部
第二等級	豐鎬 井叔	張家坡 M14	西周中期 晚段		不明	大型圓璧1 小型圓璧2	棺內東北部，小玉 璧出土時疊放
第三等級	豐鎬 井叔	張家坡 M50			不明	小型圓璧4	內棺內中東部3

表10　西周時期墓葬中其他位置玉璧出土情況

墓葬等級	封國	墓 葬	時 代	墓主人	性別	玉璧情況	出土位置
第一等級	灅國	白草坡 M2	西周早期 康王時期	Yuan 伯	男	大型圓璧1	位於腰坑坑口
第二等級	燕國	琉璃河 I M50	西周早期	殷移民 上層		小型玉璧1	口中

葬儀階段用璧：

　　葬璧應是棺下葬過程中使用或放置的玉璧。這一階段的玉璧主要放置於棺槨之間，棺槨之上或填土之中，個別放置於腰坑位置。商代玉璧也有放置於棺槨間的情況，西周時期由於葬具的規格更為複雜，高等級墓葬中使用一槨一棺、一槨二棺的情況增加，玉璧等玉器在這一階段多放置於棺槨之上，或者發現於填土之中，應該不是隨意擺放，應該與一定的葬儀或埋葬習俗相關。

在西周時期，放置於填土、棺槨之間、棺槨蓋的玉器種類比較多，有戈、圭、琮、魚、貝等，玉璧只是其中一類。魚、貝可能多於棺飾或棺槨上的荒帷、棺槨蓋相關，玉戈比玉璧的使用更普及。放置的位置、種類沒有太多的定製，反映出西周在喪葬用玉逐漸形成的過程中（表11、12）。

表11　西周時期填土中玉璧出土情況

墓葬等級	封國	墓　葬	時　代	墓主人	玉璧情況	出土位置
第一等級	晉國	晉侯墓地 M64	西周晚期宣幽時期	晉穆侯	大型圓璧〉1	填土中也出土玉璧，數量不明
第一等級	晉國	晉侯墓地 M93	兩周之際春秋初	晉文侯仇	大型圓璧〉6	填土中有玉璧，數量不明

表12　西周時期棺槨玉璧出土情況

墓葬等級	封國	墓　葬	時　代	墓主人	性別	玉璧情況	出土位置
第一等級	長國	長子口 M1	西周初年	長國國君	男	大型圓璧2	北槨室1，棺蓋上1
第一等級	強國	竹園溝 M13	西周早期康王前期	強伯及殉妾		大型圓璧1 小型圓璧3	殉妾頭端的棺槨之間3
第一等級	豐鎬	張家坡 M157	西周中期晚段	井叔	男	小型圓璧3	槨內西南角
第一等級	豐鎬	張家坡 M163	西周中期晚段	井叔夫人	女	小型圓璧1	西側棺槨之間
第一等級	晉國	晉侯墓地 M113	西周早期昭王前後	晉侯變父夫人	女	有領璧2 小型圓璧1	棺槨間北側有領璧1與串飾一起置於木質方匣中
第一等級	虢國	上村嶺 M2012	西周晚期宣幽時期	虢君夫人梁姬	女	大型圓璧4	內棺蓋上2，
第二等級	燕國	京廣線東 M1029				小型圓璧1	槨室內
第二等級	豐鎬井叔	張家坡 M1	西周中期晚段			大型圓璧1	槨內東北部
第二等級	虢國	M1820	西周晚期宣幽時期	大夫級夫人虢姪妃	女	石璧2	棺槨之間西北角1，槨蓋1

第二等級	豐鎬井叔	張家坡M129	西周晚期早段			小型牙璧1	出自二層臺一漆器下
第二等級	晉國	曲村M6081	西周早期		男	玉璧1	棺蓋1
第三等級	豐鎬井叔	張家坡M50				小型圓璧4	外棺北端1

墓祭階段用璧：

墓祭用璧是棺在下葬前後，與墓葬相關的祭祀或儀式中使用的玉璧。

商周時期，重視廟祭而不重視墓祭。根據《儀禮》所記，周代在整個喪葬過程中要舉行十餘種近百次祭奠活動。在喪儀階段儀式主要在殯宮、祖廟進行，下葬後還要進行虞祭以安其神，之後為死者設主牌，在殯宮進行祭祀，至禫祭除服後，將神主移至祖廟，之後就進行廟祭〔註52〕。所記的祭祀議程中並沒有包括墓地祭祀活動。而且這一階段的墓葬不封不樹，沒有明顯的標識，說明也不太可能進行固定的墓祭活動。

從考古資料來看，這一階段的玉璧與葬儀階段用璧不容易區分，無法認定哪些玉璧是與祭祀或下葬儀式相關的，哪些玉璧是下葬過程中放置的，相對比較容易認定的只有墓葬周邊的祭祀坑。晉侯墓地 M8，M64、M62、M63，M93 這三組墓葬周邊有部分祭祀坑中出有祭祀用玉，器類有戈、璧、琮、牙璧等〔註53〕，資料未發表，具體情況不明。可見西周時期墓祭階段也使用玉璧，但是有祭祀坑的墓葬等級比較高，基本為第一等級，其餘等級中的墓祭用玉尚需進一步的考古資料補充。

西周時期喪葬用璧的特點：一是主要見於高等級墓葬，第一等級最為常見；二是主要見於西周王畿地區和各姬姓封國；三是男女性墓葬通用，差異較小；四是在喪、葬中使用玉璧的情況開始趨於統一，逐漸向棺槨及墓主人身體上兩類放置位置集中，而且放置的位置也開始固定，並且出現了戈、璧的固定組合，喪葬用璧的制度在形成中，但尚不完備；五是喪葬用璧的主要器類為大型圓璧。

3. 墓葬出土玉璧的等級關聯

孫慶偉在討論周代墓葬所見用玉製度時，將出土玉器的墓葬劃為四等，由

〔註52〕高崇文，試論先秦兩漢喪葬禮俗的演變〔J〕，考古學報，2006（4）：447～472。
〔註53〕孫慶偉，周代墓葬所見用玉製度研究〔D〕，北京：北京大學，2003：199～200。

於尚未發現西周王陵，因此墓葬的第一等級為列國諸侯、周王朝大夫及其配偶；第二等級為列國大夫、周王朝大夫家族的近親成員及其配偶；第三等級為士及其配偶；第四等級為庶人及其以下階層〔註50〕。本書基本沿用其劃分方式。

西周時期出土玉璧的墓葬皆為高等級墓葬，已知的有各封國國君及夫人、大夫級、士級貴族，也即墓葬的前三個等級中，在庶人及一些階層的墓葬中基本不見。

第一等級為諸侯國國君及夫人墓，主要有甘肅白草坡潶伯、yuan伯，張家坡井叔及夫人，晉侯及夫人，應侯及夫人，虢國君及夫人，逢國夫人墓等。墓葬多為中字形及甲字形大墓，也有一些為大型豎穴土坑墓，墓葬面積在20平方米以上，有些小封國的墓葬規模較小，如應國、潶國，墓葬面積小於10平方米，而且國君夫人的墓葬規模也略小。

第一等級的墓葬普遍隨葬玉璧。由於第一等級的墓葬多有盜擾，玉璧的出土信息並不完整，但是從已有的發現看，除過個別盜擾嚴重，情況不明的墓葬外，玉璧在諸侯一級的墓葬中發現比例較高。以晉侯墓地為例，19座晉侯及其夫人的墓葬中，有9座墓葬中出土玉璧。虢國墓地4座第一等級墓葬中皆出土玉璧。強國墓地中屬於第一等級的4座墓葬中也皆隨葬有玉璧。

玉璧在西周早期至西周晚期，乃至兩周之際的墓葬中皆有發現，玉璧的種類以大型圓璧為主，其次為小型圓璧，還有少量有領璧。

西周諸侯間有公、侯、伯、子、男之分，而且分封諸侯與周王室存在親疏關係，因此即使在第一等級的墓葬中，也存在一定的等級差異。晉、虢等姬姓直屬宗室的墓葬中出土玉璧的數量較一般諸侯多，其中尤以大型圓璧的數量為甚。

墓葬中的隨葬玉璧數量多超過1件，也存在一定的時代差異，尤以西周晚期為甚，墓葬中的玉璧數量增加，大型圓璧的出土比例也提高。而且玉璧放置的位置比較多，在棺槨上、棺槨之間、墓主人頭部、胸腹部等皆有放置。

伴出玉器多為玉戈、柄形器、覆面、組玉佩、串飾等高等級玉器，而且數量較多，如虢國墓地虢君夫人梁姬墓中出土玉石器及綠松石等928件組〔註55〕（表13）。

〔註54〕孫慶偉，周代墓葬所見用玉製度研究〔D〕，北京：北京大學，2003：10～11。
〔註55〕姜濤，王龍正，喬斌，三門峽虢國女貴族墓出土玉器精粹〔M〕，臺北：眾志美術出版社，2002：33。

表 13　西周時期第一等級墓葬中多處位置出土玉璧情況統計

封國	墓葬	時　代	墓主人	玉璧情況	出土位置
長國	長子口 M1	西周初年	長國國君	大型圓璧 2	棺蓋上 1，北槨室 1
逄國	劉臺子 M6	西周早期 偏晚昭王	逄國國君 夫人	小型圓璧 5	頭部正上方 3，胸部 2
弜國	竹園溝 M13	西周早期 康王前期	弜伯及殉妾	大型圓璧 1 小型圓璧 3	弜伯胸部 1，殉妾頭端的棺槨之間 3
弜國	竹園溝 M7	西周早期 康昭之間	弜伯	大型圓璧 2	頭部右側 1，胸部 1
弜國	茹家莊 M1	西周中期	弜伯及殉妾	弜伯小型圓璧 1； 殉妾小型圓璧 10	弜伯頭部；殉妾頭部 1，頸部 1，右手腕 4，下腹部 4
晉國	晉侯墓地 M113	西周早期 昭王前後	晉侯變父 夫人	有領璧 2 小型圓璧 1	棺槨間北側有領璧 1 與串飾一起置於木質方匣中；背下 1
晉國	晉侯墓地 M8	西周晚期 宣王時期	晉獻侯籍 蘇	大型圓璧 8	胸腹上部雙環雙玦三璜組佩，胸部正中 2，肩下 2，背下 2
晉國	晉侯墓地 M31	西周晚期 宣幽時期	晉獻侯夫人	大型圓璧 4	左胸部 2，背下 2
晉國	晉侯墓地 M64	西周晚期 宣幽時期	晉穆侯	大型圓璧〉1	胸腹部 1，填土中也出土玉璧，數量不明
晉國	晉侯墓地 M63	西周晚期 宣幽時期	晉穆侯夫人楊姞	大型圓璧 9 有領璧 1 小型圓璧 1	頭頂有領璧 1，小型玉璧 1，身體上下放置玉璧 9
晉國	晉侯墓地 M93	兩周之際 春秋初	晉文侯仇	大型圓璧〉6	胸腹部放置大型圓璧、牙璧、石璧等 6，填土中有玉璧，數量不明
虢國	上村嶺 M2001	西周晚期 宣幽時期	虢君季	大型玉璧 9	內棺蓋板 3，墓主人左肩下 3，右肩下 1，盆骨下 2
虢國	上村嶺 M2012	西周晚期 宣幽時期	虢君夫人梁姬	大型圓璧 4	腰下偏上 1，胸部右側 1，內棺蓋上 2，

　　第二等級的墓葬為列國大夫及其夫人墓。在晉、虢、應、燕等各封國高等級墓地中多有發現。一般為豎穴土坑墓，僅應國墓地 M95 為甲字形墓。墓葬面積一般在 5 平方米以上，一槨一棺居多。

　　隨葬玉璧的墓葬沒有第一等級比例高。仍以晉侯墓地為例，墓地中第二等級為晉國大夫及其配偶墓葬，共有 13 座，僅有 1 座墓葬的棺蓋上放置玉璧 1 件。墓葬中的隨葬玉璧數量多為 1 件，鮮有多件，與第一等級的玉璧隨葬情況有比較大的差別，而且小型圓璧的數量較多，與大型圓璧平分秋色。單座墓葬中玉璧一般集中放於一處，多處放置的情況明顯較第一等級少。

　　伴出玉器有也有戈、柄形器、組玉佩、串飾等，但是多不共出於單座墓葬中，隨葬玉器的數量較第一等級少。如虢國墓地大夫級夫人虢姪妃墓中出土玉石器及瑪瑙、綠松石管珠等近 1400 餘件，但是管珠及串飾佩飾占絕大多數〔註56〕（表14）。

表14　西周時期第二等級墓葬中多處位置出土玉璧情況統計

封　國	墓　葬	時　代	墓主人	玉璧情況	出土位置
強國	竹園溝 M1	西周早期成康時期	強季	大型圓璧 2	頭部 1，胸部 1
晉國	曲村 M6231	西周早期		小型圓璧 1玉璧 1	頭頂 1，腹部 1

　　第三等級為列國士級貴族及其夫人的墓葬，多為豎穴土坑墓，墓葬中隨葬銅鼎數量在 2 件以下，在各封國墓地中的數量較多，但是隨葬玉璧的墓葬更為少見。如晉侯墓地中第三等級墓葬共計 51 座，僅有 1 座墓葬中墓主人腦後出土玉璧 1 件。張家坡墓地第三等級墓葬有 173 座，隨葬玉璧的墓葬僅有 5 座，隨葬比例較第二等級更低。而且墓葬中多隨葬 1 件玉璧，大型圓璧與小型圓璧的數量大致相當。每座墓葬多只在一個位置放置玉璧。玉璧伴出的玉器種類和數量都較第一、二等級銳減，種類為玉戈、柄形器、串飾、動物形佩飾等。再如虢國墓地 M1715 中出土玉石器及石貝、陶珠串飾等 149 件〔註57〕。

　　第四等級為庶人及以下階層，豎穴土坑墓，面積在 3 平方米以下，多隨葬陶器或無陶銅器或無隨葬品墓，是各封國墓葬中數量最多的種類。隨葬玉璧的墓葬數量銳減，比例非常低，基本不隨葬玉璧。如晉侯墓地中第四等級共計 544 座，其中 144 座中隨葬有玉石器，以圭、戈、玦、串飾等為多，沒

〔註56〕姜濤，王龍正，喬斌，三門峽虢國女貴族墓出土玉器精粹〔M〕，臺北：眾志美術出版社，2002：34。

〔註57〕姜濤，王龍正，喬斌，三門峽虢國女貴族墓出土玉器精粹〔M〕，臺北：眾志美術出版社，2002：34。

有發現玉璧。再如張家坡墓地第四等級約有墓葬 156 座，其中僅有 1 座發現隨葬玉璧 1 件〔註 58〕。

第六節　西周玉璧的功能與用途

結合文獻資料和金文記載，玉璧的功能更為多面，主要有以下幾個方面：

一、禮儀用器

《周禮・春官・大宗伯》中將周代的禮儀制度歸為「五禮」，分別為吉禮、凶禮、賓禮、軍禮、嘉禮。《儀禮》所架構的禮制框架為冠、婚、喪、祭、鄉、相見六禮。這些禮儀體系與其說是當時國家的制禮實踐，不如說是後世儒家提出的先秦禮制理想〔註 59〕。但是從考古發現來看，周代禮儀的內容是比較豐富的，祭祀、喪葬、朝覲等皆涵蓋在內。本書為細化玉璧的功能與用途，將禮儀用器定義為較狹義的範疇，僅包括朝覲等與天子相關的禮儀用器，將禮儀、祭祀、喪葬、賓贈等用器分別闡述，其後各個時期近同。

西周王朝利用封建、宗法制度來加強對疆域的統治，當時僅同姓封國就有 50 餘個，諸侯具有相當的獨立性。周王朝還採取措施來確保周王的政治權威，其中一項就是諸侯須定期向周王述職〔註 60〕。

諸侯、卿大夫覲見周王均需持有玉質瑞信，玉璧即為當時高等級貴族的身份、等級的象徵之物。《尚書・堯典》言有五瑞：「輯五瑞，既月乃日，覲四嶽群牧，班瑞於群后。」《白虎通・瑞贄篇》釋曰：「何謂五瑞？謂珪、璧、琮、璜、璋也」《周禮・春官・大宗伯》曰：「以玉作六瑞，以等邦國：王執鎮圭，……子執穀璧，男執蒲璧」。《說文・玉部》：「瑞，玉為信也」，鄭玄注《周禮・典瑞》云：「人執以見曰瑞」。較高等級的公、侯皆執瑞圭，低等級的諸侯男、子執璧。而且還有大小區分，在不同的場合使用不同尺寸的玉璧。《周禮・考工記・玉人》曰：「……璧、琮九寸，諸侯以享天子……璧、琮八寸，以兆聘」。不僅如此，諸侯之間、卿大夫之間相見亦持瑞信。《周禮・春官・典瑞》曰：

〔註 58〕中國社會科學院考古研究所，張家坡西周墓地玉器考古學研究〔M〕，北京：文物出版社，2007：5。

〔註 59〕梁滿倉，論魏晉南北朝時期的五禮制度化〔J〕，中國史研究，2001（4）：27～52。

〔註 60〕李峰著，徐峰譯，湯惠生校，西周的滅亡──中國早期國家的地理和政治危機〔M〕，上海：上海古籍出版社，2016：121～125。

「……子執榖璧，男執蒲璧，繅皆二採再就，以朝、覲、宗、遇、會，同於王。諸侯詳見亦如之。璜、圭、璋、璧、琮，繅皆二採一就，以覜聘。」

由於《周禮》的成書年代較晚，所記與周的考古發現多不相應，而是一種理想化的禮制規範，但是對於周代禮制的研究仍有借鑒意義。玉璧在西周時期應該是非常重要的禮儀用器，並且在使用中存在一定的制度，只是尚未達到《周禮》所記的嚴格程度。

二、祭祀用器

「周因於殷禮，所損益，可知也」，周人雖因商禮，祭祀是周禮中一個非常重要的方面，但是西周祭祀中有著明顯的宗法因素。一方面以宗廟祭祀為重，宗子主理祭祀權力；另一方面，祭祀壟斷於天子、諸侯，而天子與諸侯是宗子繼承的，因此周代的宗法與等級禮制通過祭祀得到了加強〔註61〕。

西周的祭祀活動中玉的使用相當普遍，玉璧作為西周玉器的主要種類，是祭祀中的重要祭品。玉璧是祭天的重要器物，《周禮・考工記・玉人》曰：「圭、璧五寸，以祭祀日、月、星、辰……」，《周禮・春官・大宗伯》又曰：「以玉作六器，以禮天地四方，以蒼璧禮天，……」。鄭玄注《周禮・典瑞》曰：「禮神曰器」。

玉璧是祭祀四方的重要器物，《儀禮・覲禮》載：「……設六玉，上圭、下璧、南方璋，西方琥，北方璜，東方圭。」鄭玄注：「六色象其神，六玉以禮之」。

玉璧還用於祭祀先祖，《尚書・金藤篇》記載，周武王患疾，周公為武王求祈，「為三壇同墠。為壇於南方，北面，周公立焉。植璧秉珪，乃告太王、王季、文王。……爾之許我，我其以璧與珪歸俟爾命；爾不許我，我乃屏璧與珪。」

玉璧還用於祭祀神靈，《詩經・大雅・雲漢》云：「天降喪亂，飢饉薦臻。靡神不舉，靡愛斯牲。圭璧既卒，寧莫我聽？」〔註62〕，祭祀川河，《穆天子傳》記載：「天子授河宗璧，河宗伯夭受璽，西向沈璧於河」。

在祭祀中，多圭、璧合用。

雖然在文獻中多見祭祀用璧的記載，但是考古發現中所見較少。晉侯墓地

〔註61〕何宏波，先秦玉禮研究〔D〕，鄭州：鄭州大學，2001：147～148。
〔註62〕毛亨傳，鄭玄箋，孔穎達正義，毛詩正義〔M〕，北京：中華書局，1979：561。

晉獻侯夫人墓 M31 中墓主人背下壓 2 件玉璧，其中一件刻文記載了占卜之事，這件玉璧可能是祭玉，祭祀後將所祭事項刻於其上〔註63〕。

三、賓贈用器

所謂賓贈，王國維指出：「古者賓客至，必有物以贈之，其贈之之事謂之賓。」〔註64〕玉璧是西周時期賓贈使用的重要玉器。

根據金文記載，西周時期，土地轉讓之後，獲益方多對有關人員進行賓贈答謝。宣王時期的吳虎鼎銘文記錄了關於土地轉讓的銘文，其中就涉及到在儀式結束後，吳虎用玉璋和馬匹賓贈膳夫豐生和司空雍毅，賓贈白（伯）道內司徒寺蚕以一件玉瑗和有花紋的車飾，賓贈史以兩件皮製品。西周晚期殿敖簋蓋也記載了殿敖以玉璧配某種皮幣和豹皮賓贈了子牙父和史孟二人。

貴族家族內部及貴族之間也存在用玉賓贈。五年琱生簋（五年召伯虎簋）中記琱生在處理田界糾紛時為感謝召伯虎贈之以圭，六年琱生簋（六年召伯虎簋）中記在事情處理結束後，琱生的哥哥伯氏回報召伯以璧。

由此看來，玉璧與圭、璋一併是賓贈用玉的主要器類，答謝不同的人物賓贈不同的玉器和組合，顯示出賓贈用玉方面的等級差異，而且玉璧在使用的等級上低於圭、璋。玉璧的這種使用方式和功能是與自身價值相關的，玉璧在這種情況下是以一種變相的貨幣形式出現，這一點也與甲骨文中玉、貝儲之即為寶的意義相印證。

四、喪葬用器

《周禮·春官·典瑞》曰：「駔圭、琮、璧、璋、琥、璜之渠眉，疏璧琮以斂屍。」鄭玄注：「以斂屍者，與大殮焉加之也。……渠眉，玉飾之溝瑑也，以組穿聯六玉溝瑑之中，以斂屍，圭在左，璋在首，琥在右，璜在足，璧在背，琮在腹，蓋取像方明，神之也。疏琮璧者，通於天地」。根據周禮所記，玉璧在西周時期用於斂屍。

從前節詳述的喪葬用璧制度看，周代喪禮的喪、葬、祭三個階段皆有用到玉璧，玉璧在喪葬階段的使用是西周玉璧功能的重要方面。玉璧在墓葬中的出

〔註63〕北京大學考古系，山西省考古研究所，天馬——曲村遺址北趙晉侯墓地第三次發掘〔J〕，文物，1994（8）。

〔註64〕王國維，觀堂集林：與林浩卿博士論詩書〔M〕，北京：中華書局，1959：40～44。

土位置雖然集中於棺槨和墓主人身上，但是放置位置十分多樣，並不固定，體現出西周時期喪儀用璧在形成制度過程中的特徵。玉璧不僅用於斂屍，而且還在喪葬時的葬儀或葬俗中使用，在墓葬祭祀中也有使用。

喪葬用璧在使用中存在等級差異。只有高等級的貴族墓葬中才隨葬玉璧，諸侯國國君、大夫級、士級貴族墓葬中雖然都有玉璧隨葬的情況，但是隨葬比例差距較大。國君及夫人墓葬中半數以上隨葬玉璧，而到士一級墓葬中僅有少數隨葬玉璧，庶人墓葬中則基本不見玉璧。而且玉璧的種類、大小、數量也存在差異，尤其是西周中期階段，琢刻紋飾的玉璧基本見於諸侯國國君及夫人墓葬中。玉璧的放置位置也有差異，第一、二等級的墓葬中玉璧在多個位置都有放置，填土、棺槨之上、棺內、身上、身下等，有些位置可能與喪葬過程中的葬儀、祭祀儀式等有關，而第三等級中，玉璧多見於墓主人身上。

第七節　西周玉璧的分期與分區

一、西周玉璧的分期

西周玉璧的整體數量較商代有所減少，雖然各類玉璧皆有發現，玉璧的種類開始趨於統一，大型圓璧和小型圓璧占到玉璧的主體，其餘器類皆為少數。西周根據考古學分期，可分為早中晚三期，玉璧的分期大致也可分為三期。

1. 西周早期

雖然新石器時代及商代，周人所活動的區域很少有玉器出土，顯然周人並沒有鮮明的用玉傳統，但是從西周早期的玉璧出土種類看，從西周建國伊始，周人就與商代晚期有了明顯的差別。商代尤其是商代晚期所流行的有領璧和牙璧在西周早期比較少見，而且玉璧多為素面，商代晚期流行的同心圓紋基本不見，有領璧、牙璧和同心圓紋僅在四川地區、雲南及閩粵地區有所保留。可見這類器物與紋飾已為周人所摒棄，西周早期的玉璧以圓璧為絕大多數，大型圓璧、小型圓璧皆有，早期晚段小型圓璧開始琢刻紋飾，龍、鳳紋。從玉璧出土的遺跡類型看，這一階段尚未發現見於祭祀遺跡的玉璧，絕大多數見於墓葬中。玉璧在這一時期出土位置比較多，可見使用還比較多樣，但到康昭時期，玉璧的使用開始表現出一些規律性，玉璧主要見於墓葬的棺槨之間、墓主人胸腹部及頭部。玉璧與璜、管珠、小型玉飾等同出，表現出服飾用璧的規律性。

2. 西周中期

玉璧在這一階段仍以圓璧為主，大型圓璧和小型圓璧基本相當。玉璧仍出自墓葬，但在周原地區有些玉璧出自宮殿建築基址及窖藏中，而且這些玉璧中有些為璜聯璧、有領璧，也有些玉璧體型較大，造型古樸，這些玉璧無論是器形特點，還是造型特徵、製作工藝都具有新石器時代或商代同類器物特徵，當為早期遺物。多數玉璧的製作精細，形製規整，厚薄均勻，中孔管鑽較直。帶紋飾的玉璧數量增加，大型圓璧上琢刻的紋飾多為龍紋；小型圓璧上琢刻的紋飾多為團龍、團鳳紋，還有重環紋、渦紋等；雙陰線大斜刀技法琢刻，內細外粗、構圖嚴謹、線條流暢。西周時期的玉璧在使用在開始多樣化，祭祀、禮儀、喪葬、賓贈等，玉璧在王室及高等級貴族間的使用更為廣泛，玉璧在彰顯身份、等級，祭祀和賓贈等方面的使用，主要是以文獻及金文為證，體現出玉璧在這一階段的使用應該已經開始出現一些制度化的趨勢。墓葬考古資料顯示，這一階段玉璧的使用出現服飾用璧、喪葬用璧、禮儀用璧的區別，大小型圓璧在使用上開始出現區分，小型圓璧用於服飾，多與璜、管珠或小件玉飾、管珠等同出，為組玉佩和串飾總束或者串飾組件，也有的用於耳飾或頭飾。大型圓璧則多見於棺槨上或棺槨之間、墓主人胸腹部等，多為喪葬儀式中專門放置，其中一類大型圓璧，體型較大，放置於墓主人胸部正中，多與玉戈同出，這類玉璧雖在喪葬時放置，卻可能為彰顯墓主人身份地位的瑞信。這一時期玉璧在使用中較西周早期體現出更明顯的等級差異，在缺乏第一等級玉璧的使用情況下，第二、三、四等級玉璧的出土數量和種類差異也是非常明顯的。這些玉璧在使用中所體現出的特徵反映出玉璧在西周中期階段的發展特點。

3. 西周晚期

玉璧在西周晚期仍主要見於墓葬中，牙璧、有領璧、璜聯璧等其他玉璧種類在西周晚期基本不見，以圓璧為絕大多數。這一階段仍有少量玉璧璧面琢刻紋飾，大型圓璧的璧面紋飾出現人龍合雕紋樣，小型圓璧的紋飾卻更為簡化，主要為團龍、團鳳紋。大斜刀技法沒有中期明顯，逐步向雙陰線簡化。玉璧在使用中等級差異更為明顯，在各諸侯國墓地中有比較明顯的體現，玉璧在第一、二等級墓葬中更為集中。這一階段玉璧使用更為規範，由於主要資料見於墓葬，因此喪葬用璧中體現得更為明顯。喪儀、葬儀、墓祭階段玉璧皆有使用，喪儀階段玉璧的放置更為集中，主要放置墓主人身上、身下及身側，而且玉璧的放置數量增加，體現出斂玉的特點。葬儀階段的玉璧在填土、棺槨蓋及棺槨

之間都有發現，在喪葬儀式中新發現了喪葬用璧的情況，玉璧在墓葬中的這些發現不僅反映出玉璧在喪葬階段使用更為規範和完備，也從側面反映出這一階段葬儀制度的逐漸完備。

二、西周玉璧的分區

根據迄今已有的考古資料，西周玉璧在周文化區域體現出比較強的一致性，尤其在黃河流域，玉璧在形製、製作及使用功能都比較接近。西周的王畿地區——周原、豐鎬所見玉璧與分布於山西的晉及周邊諸侯國、分布於山東地區的魯及周邊諸侯國、分布於河南地區的洛邑及其周邊諸侯國所見玉璧，姬姓諸侯國所見玉璧與非姬姓諸侯國如強國、溧國所見玉璧，晉、燕、魯等大諸侯國所見玉璧與倗、逢等小諸侯國所見玉璧，無論在玉璧的種類和製作工藝，造型紋飾到玉璧的使用，還是在墓葬資料中所體現出的服飾用璧、喪葬用璧的使用比較接近；姬姓諸侯國所見玉璧都比較接近。

產生一致性的原因，可能主要有以下兩點：

西周建國之初採取的分封制，將周文化觀念帶至西周所轄疆域，玉璧主要發現於西周王畿地區和各諸侯國高等級墓葬中，而這些墓葬的主人或是姬姓周人，或是認同周文化、服從周王室的高級貴族，近同的文化觀念應是這一時期玉璧在造型、製作及使用中相近同的重要原因。

另外周原地區已發現多處大型的製銅、製骨、製玉作坊，其中已發掘的玉石器作坊遺址——齊家製玦作坊，石玦在製作中進行嚴格的步驟劃分，每個步驟的製作中再進一步細化分工，負責不同步驟的工匠分工明確，協同製作，節省了單個石玦的製作時間，提高了單位時間石玦的製作數量，並且還能保證大量石玦保持近同的器形，從一個側面反映出西周時期在玉石器製作上已具備規模生產的能力。可見，西周時期尤其是西周早中期，玉作為珍稀資源、玉器製作作為專業的手工藝技法，可能為王室佔有，並且存在集中製作的可能性。這一點可能為西周時期，玉璧在造型紋飾和製作工藝上趨同的又一個原因。

商代兩個玉璧製作和使用中心，以同心圓紋有領璧、牙璧為代表器類的四川地區，以素面有領璧為代表器類的湖湘地區在西周時期雖然仍有玉璧發現，但是發現遺址的數量、玉璧的數量都有大幅度減少，以有領璧的製作為特色的兩大中心這一階段衰落。因此從西周時期玉璧的整體發展趨勢看，以圓璧為主要器類的玉璧製作和使用中心體現出一枝獨秀的態勢，而這一區域中各諸侯國玉璧並未發展出成熟的個體特色，因此這一時期玉璧不做分區。